数字化社会中的智慧图书馆建设与发展

石　慧　郭良男◎著

中国民族文化出版社

北　京

图书在版编目（CIP）数据

数字化社会中的智慧图书馆建设与发展 / 石慧，郭良男著 .-- 北京：中国民族文化出版社有限公司，2024.6

ISBN 978-7-5122-1903-8

Ⅰ . ①数… Ⅱ . ①石… ②郭… Ⅲ . ①数字图书馆 - 图书馆工作 - 研究 Ⅳ . ① G250.76

中国国家版本馆 CIP 数据核字（2024）第 100738 号

数字化社会中的智慧图书馆建设与发展
SHUZIHUA SHEHUI ZHONG DE ZHIHUI TUSHUGUAN JIANSHE YU FAZHAN

作 者	石 慧 郭良男
责任编辑	赵卫平
责任校对	杨 仙
出 版 者	中国民族文化出版社 地址：北京市东城区和平里北街 14 号
	邮编：100013 联系电话：010-84250639 64211754（传真）
印 装	武汉鑫佳捷印务有限公司
开 本	787 mm×1092 mm 1/16
印 张	11
字 数	138 千字
版 次	2025 年 1 月第 1 版
印 次	2025 年 1 月第 1 次印刷
标准书号	ISBN 978-7-5122-1903-8
定 价	88.00 元

前言

　　随着科技的飞速发展和数字化社会的到来，图书馆也经历着全面而深刻的变革。智慧图书馆，正是数字时代下的新生事物，它集合了信息化、自动化、智能化等技术，为读者提供了更为便捷、高效、个性化的服务。

　　智慧图书馆是传统图书馆与信息技术相互结合的产物，借助物联网、大数据、人工智能等先进技术，对馆内的文献资源、设施设备、读者服务、管理运营等进行智能化转型，已在一定程度上实现了资源的自动化、智能化配置，提高了图书馆的运行效率和服务质量，满足了读者的多元化需求，甚至能根据读者的个体需求，提供量身定制的个性化服务。

　　尽管智慧图书馆的建设已取得了显著的成效，但其中的过程并非一帆风顺，未来还将面临诸多问题和挑战。例如，如何更严密地保护读者的隐私安全，如何更有效地实现跨平台信息共享，如何做好充足的准备以应对日益复杂的数字资源版权问题，等等。

　　此外，智慧图书馆的建设与发展需要关注其可持续性和社会效益。在数字化社会中，作为重要的公共文化服务机构，图书馆须不断适应社会变革和读者需求的变化，从社会效益的角度出发，评估自己对社会、经济、文化的影响，提高自身的社会影响力，为社会进步做出更大的贡献。

同时，智慧图书馆需要加强人才培养，吸引数字化图书馆专业管理人才和技术人才，建立完善的人才培养机制和激励机制，组成具备数字化技能、创新思维和跨学科知识的专业团队，加强团队建设，构建协同创新的工作机制，促进人才跨领域、跨专业合作交流，推动智慧图书馆的持续创新和发展。

本书共五章。第一章简述智慧图书馆的概念与特征，包括相关定义、智慧服务要点、机构特征和人员特征、建设意义。第二章简析智慧图书馆对于发展知识社会的优势，具体分为知识资源数字化，设施网络化，知识服务智能化、人性化，知识传播最大化、节能化四个方面。第三章讨论数字化社会对智慧图书馆的影响，主要围绕推动智慧图书馆发展的数字化技术、智慧图书馆中的智能终端、智能系统，以及数字资源与信息服务的发展四个维度。第四章浅析智慧图书馆的发展趋势和面临的挑战。第五章总结智慧图书馆的建设实践，首先回顾智慧图书馆的建设目标，接着复盘并展望数字化资源的建设与整合，最后列举一系列图书馆智慧化转型的实践成果。

本书立足相关理论，结合一定的现实案例，概述智慧图书馆的现状、特征，浅析其未来趋势、所面临的挑战等，以期为探究智慧图书馆可持续发展的路径和策略提供一些理论和实践支持，为相关领域的研究者、管理者、实践者提供一些有益的参考。本书编写期间，学习参阅了前人的研究成果，在此深表谢意。囿于个人水平和经验，本书难免有错漏、不足，万望各位读者朋友海涵，恳请大家指正。

目 录

第一章

智慧图书馆的概念与特征

第一节　智慧图书馆的概念

一、智慧图书馆的定义

智慧图书馆是一种充分融合先进信息技术和设备的智能化建筑，也是一种智慧化的综合体，一种复杂的大型智慧系统，利用物联网、大数据、云计算等现代科技手段，实现图书馆资源的智能化管理和服务，为读者提供更加便捷、高效、个性化的阅读体验。上述智慧图书馆的定义中涉及以下概念。

1. 智慧图书馆的智能化管理

智慧图书馆的智能化管理，是指通过物联网技术，将图书馆内的所有图书、设备、设施等连接在一起，实现自动化管理和控制。读者可以通过自助借阅机、自助还书机等设备，自主完成借阅、归还等操作，无须人工干预。同时，图书馆内的图书也可以通过智能化的盘点系统，自动进行盘点和整理。

2. 智慧图书馆的大数据应用

智慧图书馆的大数据应用，是指通过对读者借阅历史、阅读习惯等数据的分析，为读者提供更加个性化的阅读推荐和服务。同时，图书馆也可以通过大数据分析，对馆内资源进行优化配置，提高资源的利用率。

3. 智慧图书馆的云计算服务

智慧图书馆的云计算服务，是指通过云计算技术，将图书馆的信息系统、资源管理等整合在一起，实现信息的共享和协同管理。读者可以通过智能手机应用程序、网站等渠道，随时随地访问图书馆的资源，获取相应的服务，享受更加便捷的阅读体验。

二、智慧图书馆的智慧服务概要

智慧图书馆是集现代科技手段和智能化服务于一体的新型图书馆，不仅提供丰富的图书、期刊、报纸等纸质资源，还提供各种电子资源，如电子书、电子期刊，乃至各类数据库等。读者可以通过图书馆的网站或移动应用程序轻松地访问这些资源，在线阅读或下载。此外，智慧图书馆还提供许多其他便捷的服务，如在线预约、在线支付、在线咨询等。

智慧图书馆还为读者提供更加智能化的阅读推荐服务，即通过分析读者的借阅历史、阅读习惯和兴趣爱好等信息，向读者推荐其感兴趣的书刊，还可以根据读者的需求和喜好，提供定制化的阅读服务，如定期推送相关领域的最新研究成果、专题综述等。

在智慧图书馆中，读者得以更高效地参与和互动，如通过图书馆的网站或移动应用程序进行评价、评论和分享，与其他读者交流阅读心得和感悟，等等。同时，读者还能在智慧图书馆中获取更多的学习工具和资源，如在线课程、讲座资料、研究指南等，从而更好地理解和应用所学知识。

另外，智慧图书馆还会借助互联网，通过在线直播的方式定期举办各种文化活动，如讲座、读书会、展览等。与传统图书馆的文化活动相比，智慧图书馆的在线直播活动具有以下优势。

1. 不受地域限制

在线直播活动突破了地域限制，读者无须前往活动现场，无论身在何处，只要拥有互联网连接，就能参与到活动中来。

2. 吸引更多人参与

在线直播能让更多的人参与到活动中来，无论是城市的读者还是偏远地区的读者，都可以在同一场活动中分享和学习。这在很大程度上推动了文化的普及和传播。

3. 更好地互动

智慧图书馆的在线直播功能为文化活动提供更丰富的互动手段，如实时讨论、提问、反馈等，让读者更好地参与到活动中来，提高活动的参与度和效果。

4. 无限重播，反复利用

智慧图书馆的在线直播可无限次回放，读者可以在活动结束后再次观看，复习。这对学习和掌握知识是非常有益的。

综上，智慧图书馆的在线直播功能通过互联网技术实现了空间的突破和时间的延伸，为读者提供了更为便捷、灵活和丰富的文化参与体验。

智慧图书馆已经成为现代图书馆发展的趋势，未来随着技术的不断进步和图书馆服务的不断升级，智慧图书馆将会更加普及和重要。

智慧图书馆，这个充满科技气息与文化底蕴的场所，正以其独特的魅力吸引着越来越多的读者。在这里，传统的借阅方式已被淘汰，取而代之的是更加智能、便捷的阅读体验。让我们一起来看看那会是怎样的场景吧。

场景一

小王—— 一名热爱阅读的年轻人——来到了智慧图书馆的大门前。他对着摄像头刷一刷脸，图书馆的大门便缓缓打开。

走进图书馆，他环顾四周。书架上陈列着各式各样的图书，涵盖了文学、历史、科技、艺术等多个领域。每一本书都仿佛在呼唤他，让他驻足欣赏。在这里，每一本书都有自己的电子标签，方便读者查询和借阅。

小王走到一排书架前，拿起一本书，翻到最后一页，这里附带着一个小小的芯片。原来，这个芯片里存储着这本书的各种信息，包括作者、出版日期、主要内容等。读者只需用手机扫一扫，就可以获取这些信息。

小王通过智能手机上的应用程序向图书馆提出借阅申请，图书馆回应小王的申请时，还会根据他的借阅历史分析他的阅读偏好，推送一些他可能感兴趣的书刊。

场景二

清晨，阳光透过图书馆的玻璃窗洒在书桌上，留下一道道明亮的光影。读者陆续走进这座智慧图书馆，每个人的脸上都洋溢着对知识的渴求和对未来的期冀。

智慧图书馆的门口，可爱的机器人热情地向每一位读者打招呼。它通过人脸识别技术记住了每位读者的信息，包括他们的借阅记录、阅读喜好、潜在阅读需求等。

在机器人的帮助下，读者迅速找到了自己想要的资料。

一位年轻的女孩来到了图书馆，她想找一本关于人工智能的书。

在机器人的引导下，她很快就找到了自己需要的书。在阅读的过程中，她突然听到了一阵美妙的音乐声。原来，这是图书馆的智能系统根据读者的阅读习惯和兴趣推荐的音乐。这种贴心的服务让女孩感到非常惊喜和愉悦。

在图书馆的阅读区，读者可以选择坐下来安静地阅读，也可以选择使用虚拟现实技术体验更加真实的阅读场景。一位中年男子选择了一个靠窗的位置坐下，他沉浸在一本历史小说中，周围的景色和声音都随着他的阅读而变化。这种沉浸式的阅读体验让他仿佛置身于小说中的那个时代。

到了晚上，智慧图书馆的灯光自动调节为柔和的模式，为读者创造了一个舒适的阅读环境。一位年轻男子正在使用电子设备查阅资料，他要为第二天的工作做准备。图书馆的智能系统为他提供了许多有用的资源和建议，帮助他更加高效地完成了自己的任务。

智慧图书馆是现代图书馆发展的新趋势，它利用先进的信息技术和设备，实现了图书馆资源的智能化管理和服务，为读者提供了更加便捷高效的个性化阅读体验。未来，随着技术的不断进步和图书馆服务的不断升级，智慧图书馆将会在提高图书馆服务质量和促进学术交流方面发挥更大的作用。

第二节　智慧图书馆的机构特征

在这个科技与文化不断紧密融合的时代，智慧图书馆正以前所未有的速度改变着人们的阅读方式。它让阅读变得更加便捷高效，也让文化活动更加生动有趣。智慧图书馆已经成为现代人生活的一部分，能带给人们更多的知识和乐趣。在总体机构层面，智慧图书馆的特征可概括为以下三点。

一、智能化管理

与传统图书馆不同，智慧图书馆借助物联网、大数据、人工智能等技术，在涉及管理的各方面、各环节上，已经实现或必将有能力实现智能化。

1. 内部设施的智能化管理

比如，设置自助借还书机。读者只需在图书馆入口处使用借阅卡或手机应用程序进行身份验证，便可自助借阅图书。当读者需要归还图书时，只需将图书放在还书口，系统会自动扫描图书信息并完成归还流程。

又如，内部定位，利用先进的物联网技术实现更加精准的定位，通过最新的传感器和定位技术，精确追踪图书位置。

再如，智能化的照明和空调系统，可实现对灯光、空调等设施的实时监控和控制，根据读者的需求自动调节亮度、温度、湿度等，为读者提供更加舒适的阅读环境。

所有这些智能化控制系统，均能实现远程监控和控制，管理者只需在管理中心通过计算机或手机即可对图书馆内部设施进行全面监控和管理。

2. 内部运作系统的智能化管理

比如，智能标签系统，可自动识别和记录图书的借阅、归还等信息，还可防止未被授权的读者将图书带出图书馆。

又如，智能排架系统，可实时监控图书的位置和流动情况。当读者需要查找某本书时，可通过自助查询机或手机应用程序了解此书是否在架及具体位置，并在系统的指引下找到此书。

再如，智能安防系统，可实时监控图书馆的人员出入情况和馆内及馆外周边的安全状况，发现异常情况会及时报警并通知管理人员。

3. 与读者交互的智能化管理

比如，智能导览，方便读者随时了解自己在馆内的具体位置、目标图书或服务的位置等，并在系统的指引下及时获得帮助或快速找到所需资源。

又如，智能咨询，可接收读者的文字、语音或图像信息，自动分析读者提问并给出相应答复或建议，可在任何时间、任何地点为读者提供帮助。

再如，智能推荐，可记录并分析读者的阅读历史、借阅数据、搜索历史等，总结读者的阅读兴趣和需求，并据此推荐相关图书、资料和活动等。

二、数字化资源

借助高效的数字化转化技术，智慧图书馆将传统图书馆积累的纸质图书、期刊、报纸等资源进行数字化处理，转化为数字化资源。这不仅方便了读者的查询和借阅，还能通过网络更好地实现资源的共享和传播。

尤其是对于古籍、珍本等宝贵资源，智慧图书馆将其转化为电子文档后，有利于其中的内容更长久地保存、更广泛地传播、更安全地再利用。

另外，智慧图书馆还与其他数字化服务平台，如电子数据库、在线讲座、数字化文化遗产等整合。这些资源和服务丰富了智慧图书馆的数字化资源，可为读者提供更加多样化的选择。

三、个性化服务

通过大数据分析技术，智慧图书馆可为读者提供个性化的阅读推荐服务，根据读者的阅读历史、兴趣爱好等，推荐相应的书刊甚至是某篇文章。

一位读者在智慧图书馆的网站上预约了一本小说。当他走进图书馆时，智能识别系统自动识别了他的身份，并针对他的预约和借阅历史，为他推荐了一些同类型的优秀小说。读者对系统推荐的书目感到非常满意，从中选择了一本自己最喜欢的，在导览系统的指引下找到这本和已预约的那本，在自助借阅机上办好借阅之后，愉快地离馆。

在智慧图书馆的电子阅览室里，读者可以通过大屏幕查看电子资源，如数据库、电子书、音频书等，根据自己的需求选择。

个性化服务旨在满足不同领域、不同层次读者的独特需求，提高读者的阅读满意度。

第三节　智慧图书馆的人员特征

智慧图书馆的工作人员，不仅是图书馆资源的传播者、传递者、开发者和管理者，还是信息专家型图书馆员，即从信息资源管理、信息咨询、信息导航以及信息资源协调几方面着手，解决读者的实际问题，进而确保图书馆的良好与可持续发展。

1. 信息资源管理专家

目前，信息资源已成为社会与经济发展的一项必要资源。因此，图书馆员成为图书信息资源的管理专家，是社会赋予图书馆员最核心的角色。在信息技术高速发展的今天，信息资源所发挥的作用，已不再局限于满足个人发展需求，而是对科学进步以及社会发展发挥着举足轻重的作用。所以，如何管理信息资源，不光对社会公众的研究与学习具有重要价值和意义，对社会经济的发展也具有重要价值与意义。智慧图书馆的工作人员必然是信息资源管理专家，即有针对性地、高质高效地搜集，加工，提炼各类信息资源，为信息资源寻找更广阔的出路，架起信息资源与读者之间的桥梁，满足社会公众的需求，助力图书馆事业的发展。

2. 信息咨询专家

从图书馆信息资源的载体形式以及开展的服务来看，图书馆信息服务兼具传统和现代的个性化特点。同时，图书馆信息服务还具备被动和主动的双向性，也就是说，既针对读者的需求提供被动性信息服务，又充分利用自身的专业功底提供主动性信息服务，积极适应时代发展变化的新环境和新要求，真正革新传统的信息服务内涵。从而，在收集、加工和管理信息的同时，准确解答读者信息咨询的有关问题，引导读者分析、优化和重组有关信息，解答读者专业领域的深层次信息咨询问题和读者遇到的疑难问题，实现信息资源利用最大化。

3. 信息导航专家

目前，智慧图书馆向读者提供的服务主要包括两方面：一是图书馆馆藏信息资源借阅服务，包括各学科的专著、科研成果、文献及相关的政策法规等信息借阅服务；二是网络信息检索服务，即通过图书馆现代化管理系统中的数据库信息或专题库信息等，构建与之配套的信息检索网络体系，从而快捷高效地满足读者信息需求。图书馆员既具备信息组织和加工能力，熟悉和熟练运用本馆信息资源，及时、准确地解答读者的各种信息需求或问题，提升图书馆信息服务的水平与工作效率。

4. 信息资源协调专家

图书馆在藏书建设中，都是以针对性、主动性、特色性等原则构建藏书体系的，所以任何一个图书馆在仅凭本馆资源无法完全满足读者需求时，往往采取馆际互借、网上联合服务等资源共享举措，充分利用馆外资源服务读者。此举不仅可以在一定程度上解决馆藏资源不足的问题，又能充分提高馆藏资源的利用率，使有限的资源实现效益的最大化，从而切实满足读者的多元化需求，实现图书馆的办馆宗旨和目的。要真正开展这项服务并使其发挥应有的作用，图书馆员自然要具备良好的沟通协调能力，做好馆际信息资信的调配者、馆际联络沟通的协调者，成为信息资源协调专家，从而最大限度地发挥图书馆信息资源共享优势，更好地服务读者，服务社会进步和经济发展，提升图书馆的影响力，强化其在社会公众及社会发展中的地位与作用。

综上所述，智慧图书馆工作人员的职能与传统图书馆员有了很大的不同。智慧图书馆要明确图书馆员的上述角色定位，通过培养其信息资源管理能力、知识咨询能力、信息导航能力和信息资源协调能力等举措，将员工培养为信息专家型图书馆员，能处变不惊、胸有成竹地解决读者提出的各种问题，满足读者多元化、个性化的需求，全面提升图书馆在社会发展中的服务地位与功能。这既是智慧图书馆事业发展对图书馆员综合素质与能力的必然要求，也是新时代赋予图书馆员的新责任与新使命。

第四节　建设智慧图书馆的意义

在当今数字化时代，智慧图书馆将成为图书馆行业的重要发展方向之一。建设智慧图书馆的意义可总结为以下四个方面。

一、提高图书馆的资源利用率

智慧图书馆使得传统图书馆的运行模式彻底改变，能更好地满足读者各方面的需求。

在智慧图书馆中，图书资源的数字化管理不仅实现了借阅、归还、查询等功能的自动化，还可以实时监测图书资源的库存情况，从根本上避免传统图书馆普遍存在的资源管理困难，以及因此导致的资源利用不充分的问题，不仅提高了图书馆馆藏资源的利用率，也减少了人工管理的成本和误差。

智慧图书馆的出现，不仅能极大地提高图书馆的运行效率，也为读者带来了获取和学习知识的全新模式。

1. 自主自助地获取资源

在智慧图书馆中，读者可便捷地获取各种资源，从文学名著到科技新知，从历史传记到哲学思考，无论是纸本资源还是电子资源，都能在智慧图书馆中轻松获得。

2.随时随地获取资源

智慧图书馆的数字化管理，使得图书资源的获取不再受限于时间和地点。读者可以通过图书馆的网站或移动应用程序随时随地远程借阅。

3.借助图书馆专业工具利用资源

智慧图书馆可为读者提供丰富的阅读和学习工具，如在线注释、翻译、思维导图等，帮助读者更好地理解和掌握知识。

4.在舒适便捷的环境中享用资源

除了提供丰富的图书资源和便捷的服务，智慧图书馆还很注重读者的阅读体验。不仅有智能化的推荐系统，针对读者需求提供相应的专业服务，还为读者提供了舒适的学习环境和优质设施，如阅读桌椅、电脑、打印机等。

智慧图书馆的出现，极大地提高了图书馆的资源利用率，从而更好地激发读者的阅读热情和求知欲望，在这里自由地探索知识的海洋，享受阅读的乐趣和收获。智慧图书馆日渐成为社会文化发展的重要载体，为推动全民阅读和文化素质的提高做出积极的贡献。

二、提升图书馆的服务水平

借助各种智能化的先进技术手段，图书馆能读者提供更加便捷高效，乃至量身定制的服务。例如，通过智能化排架系统，读者可以快速找到所需图书；通过自助借还书机，读者可以自主完成借阅、归还等操作；通过智能化推荐系统，读者可以获得针对本人的阅读推荐。

三、促进知识传播和交流

通过数字化平台和智能化管理系统，图书馆能实现与读者的在线交流和互动。读者可以通过图书馆的网站、手机应用程序等渠道，获取最新的图书信息，参加线上活动，与其他读者交流心得等。这种在线交流和互动的方式，能更好地促进知识的传播和交流，增强读者的参与感和归属感。

四、推进图书馆数字化转型

建设智慧图书馆，是图书馆数字化转型的重要方向。通过引入先进的技术手段和管理模式，图书馆能更好地完成优化业务流程、提高管理效率、拓展服务领域等革新、升级，从而更好地适应数字化时代的需求。这种数字化转型不仅有助于提高图书馆的竞争力，也有助于推动整个图书馆行业的发展。

第二章

智慧图书馆对于发展知识社会的优势

第一节 知识资源数字化

智慧图书馆的数字化资源宛如一座无形的宝藏，以全新的方式呈现传统图书馆的馆藏，让读者在网络海洋中尽享阅读的乐趣。借助高效的数字化转化技术，智慧图书馆将古籍、珍本等宝贵资源转化为电子文档，供人更轻松地阅读、查询和借阅。下面，先看几个智慧图书馆案例。

案例一 苏州图书馆推出的"苏州智慧图书馆"

通过运用物联网、云计算、大数据、人工智能等信息技术手段，苏州图书馆构建了以读者为中心的"一站式"服务平台，为读者提供个性化、智能化、便捷化的服务。

"苏州智慧图书馆"借助先进的物联网技术，将馆内的所有设施和资源进行数字化、网络化，实现全面互联。读者可以通过智能设备随时随地查询图书信息，预约借阅，无须排队等待，节省了时间和精力。该馆还利用云计算和大数据技术，对读者的阅读喜好、借阅习惯等数据进行深度挖掘和分析，为读者提供更加精准的个性化推荐服务。

通过人工智能技术，"苏州智慧图书馆"实现了自动化管理、智能导览等，极大地提高了服务效率和质量。同时，该馆还提供多样化的阅读方式，包括电子书、有声读物、视频等，满足不同读者的阅读需求。此外，该馆还定期举办各种文化活动，如讲座、展览、读书会等，为读者提供更加丰富的文化体验。

"苏州智慧图书馆"的成功推出，不仅体现了苏州图书馆在信息技术方面的领先地位，也证明了智慧化服务在图书馆事业中的重要性和必要性。

在"苏州智慧图书馆"中，读者可以通过手机应用程序或微信公众号，进行图书查询、预约、借阅、归还等操作，还可以在线浏览电子图书，在线听书，在线观看视频等。此外，该馆还提供了智能推荐、阅读统计、读者画像等功能，帮助读者更好地了解自己的阅读习惯和需求，提高阅读效率和质量。

案例二 上海图书馆的"上海之窗"

上海图书馆的"上海之窗"也值得一提。这个平台通过与各区县图书馆合作，将优质的图书资源和服务输送到全市各区县，为市民提供更为便捷的公共文化服务。在"上海之窗"平台上，读者能享受丰富的数字资源，包括电子图书、期刊、报纸、视频等；能通过智能推荐、阅读统计、读者交流等功能，享受人性化的服务；还能获得图书馆提供的各种电子书阅读器和移动设备的借阅服务，在线阅读和下载电子书。

此外，上海图书馆还与多家科技公司合作，推出了一些创新的数字阅读项目，如虚拟现实阅读、语音识别阅读等，为读者带来更加多元化的阅读体验。

通过不断拓展和改进服务方式，上海图书馆为市民提供了更加便捷、多元化和高品质的公共文化服务。无论是在传统的实体图书借阅方面，还是在数字化服务和阅读推广方面，上海图书馆都有出色的表现，展现了积极的创新精神，为推动城市文化发展和市民文化素质提高做出了积极的贡献。

案例三　清华大学图书馆的"智图"系统

清华大学图书馆的"智图"系统通过运用人工智能技术，为读者提供更加智能化、高效化的服务。在"智图"系统中，读者可以自由选择座位，避免了长时间排队等待的情况。同时，该系统还能根据读者的借阅历史和阅读偏好，推荐相关的图书和文献资源，为读者提供更加贴心的服务。另外，"智图"系统还提供了移动图书馆功能，读者可以在手机或平板电脑上随时随地查询图书馆的资源、进行预约。在线咨询功能则可以让读者随时向图书馆员咨询问题，获取更加及时、专业的帮助。

清华大学图书馆的"智图"系统融合了多种人工智能技术，为读者提供了更加智能化、高效化的服务。通过运用自然语言处理、机器学习、深度学习等技术，"智图"系统不仅可以满足读者的基本借阅需求，还可以根据读者的个人特点和需求提供更加个性化、精准化的服务。

（1）"智图"系统利用自然语言处理技术，对大量的图书和文献资源进行了自动分类和标注。这样，读者在查询资源时，不仅可以了解到图书的主题和分类信息，还可以根据标签了解图书的相似点和不同点，从而更加精准地找到自己需要的资源。

（2）"智图"系统运用机器学习算法，对读者的借阅历史和阅读偏好进行了分析，据此为读者推荐相关的文献资源。

（3）"智图"系统结合了深度学习技术，对图书馆的馆藏资源进行了图像识别和文字识别。这样，读者可以通过上传图片或扫描二维码等方式，快速查询相关图书的信息和借阅状态。同时，该系统还能将图片中的文字信息转化为可编辑的文本，方便读者进行复制和搜索。

（4）"智图"系统运用智能语音技术，实现了与读者的自然语言交互。读者可以通过语音输入的方式完成查询图书、预约座位等操作，更便捷地使用图书馆的资源和服务。

智慧图书馆是一个知识共享的平台，它打破了传统图书馆的局限性，将独立的文献信息同管理人员、读者紧密联系在一起。通过互联网技术，智慧图书馆构建了一个知识共享空间，让读者能更加自由地交流、分享和学习。在这里，读者可获取来自世界各地的最新资讯和研究成果，也可以与志同道合的人一起探讨学术问题，共同进步。

智慧图书馆的服务高效便捷，让读者们能够充分享受到科技的便利。借助智能化的管理系统，图书馆能够实现自动化管理，减少人力和物力资源配置的浪费。这样一来，管理人员就能有更多的时间和精力专注于为读者提供高质量的服务，为读者解决各种问题。

在智慧图书馆的数字化资源中，读者可以享受到各种先进技术带来的便利。互联网、云计算、智能设备等技术的运用，使得智慧图书馆的使用变得更加方便、高效和舒适，无论是查询资料、阅读电子书，还是下载学术论文、参与学习讨论，都可以在智慧图书馆中轻松完成，不受时间和地点的限制。

第二节　设施网络化

一、图书馆智慧化的核心——利用物联网技术对图书馆进行深度智慧化改造

在这个过程中，无线射频识别（Radio Frequency Identification，以下简称"RFID"）技术扮演着至关重要的角色。RFID 技术是一种先进的自动识别和跟踪技术。简单来说，它是利用无线电波通信和信号反射的原理，实现对图书的自动识别和跟踪。只要用相应的设备扫描 RFID 标签，该设备就会通过无线电波与标签通信，接收标签反射回来的信号。通过分析这些信号，设备可迅速获取标签中的信息。

它可以帮助图书馆实现图书的自助借还、快速定位、智能盘点以及安全防盗等各项功能，从而显著提升图书馆的运营效率，以及读者对图书馆的满意度。

1. 自助借还书

读者可以通过自助终端，使用 RFID 技术扫描图书的标签，实现自助借阅和归还图书。这种方式简化了借还书流程，无须工作人员的介入，大大节省了借还书的时间和精力。当读者借阅或归还图书时，图书馆员只需要将图书放在借阅台上，通过手持设备扫描图书上的标签，就可以完成借阅或归还的操作。这不仅提高了借阅和归还的效率，也避免了人为错误的可能性。

此外，图书馆还提供了在线预约服务，读者可以通过网络或移动应用程序预约自己想要的图书，并在指定时间到图书馆领取。这种方式不仅方便了读者，还提高了图书的利用率和图书馆的服务水平。同时，图书馆设置了多功能学习室，里面配备了计算机、打印机、复印机、免费无线网络覆盖和充电设施等，方便读者使用。为了更好地服务读者，图书馆定期及不定期地举办讲座、展览、读书会等，不间断地为读者提供丰富多彩的文化活动。

如今，智慧化的图书馆已不再是单纯的藏书楼，而是集学习、交流、娱乐为一体的综合性文化场所。读者在这里不仅可以借阅图书，还可以参加各种活动，与他人交流学习，在高品质的文化环境中充实和提高自己。

2. 快速定位

RFID 技术使得图书馆员能够迅速利用标签信息精确定位图书，极大地提高了图书的查找效率，有利于图书馆员更好地管理图书，如通过统计图书的借阅情况，分析读者的阅读偏好等，为图书馆的运营提供有益的数据支持。同时，RFID 技术还可以帮助图书馆员更好地监控图书库存，及时发现并解决图书库存不准确的问题，从而提高了图书馆的运营效率。

3. 自动盘点

图书上有了 RFID 标签，图书馆员只需用手持设备扫描标签，就能立即了解哪些图书需要补充或移动，从而实现了自动盘点，提高了盘点的准确性和效率，杜绝了人工盘点的费时费力和差错率高。

4. 防盗保护

每本图书都有相应的 RFID 标签，图书馆可以利用 RFID 技术来监控图书的流通情况，有效防止了图书的失窃和非法借阅。例如，当有人想要未经授权带走图书时，系统能够自动检测并触发警报。

5.数据统计和分析

RFID 技术能快速准确地收集和分析各种数据，如图书流通率、读者行为等重要数据。通过这些数据，图书馆员可以分析读者的阅读偏好、借阅习惯等信息，从而提高服务水平。

RFID 技术在图书馆中的应用具有非常显著的优势。它能收集和分析各种数据，帮助图书馆员更好地了解读者需求和行为，提高图书馆的管理效率和服务质量，简化借阅流程，提高读者满意度，等等。因此，已经有越来越多的图书馆引入 RFID 技术。

二、设施网络的主要构成

1.各种智能化设备，如自助借还设备、智能书架、智能座位预订系统等

这些设备可通过物联网技术互联互通，实现设备的智能化管理和控制。下面以智能书架和智能座位预订系统为例。

智能书架系统，可实时监测图书的位置和数量，实现图书的快速定位和盘点，并根据读者的需求和图书的借阅情况自动调整图书的摆放位置。这种技术运用了先进的传感器和数据分析算法，能帮助图书馆员轻松管理图书，提高工作效率。

智能座位预订系统，可实现座位的智能化管理和控制，提高图书馆的资源利用率和服务质量。这种系统方便读者随时随地通过互联网或移动设备获取座位信息并预订座位，还能根据读者的需求和

图书馆的实时情况，自动分配座位，避免座位资源浪费。

智能书架系统和智能座位预订系统是图书馆管理的重要工具，它们能通过数据分析和挖掘，为图书馆提供更加深入的决策支持。例如，通过对借阅数据、读者行为数据、图书摆放位置等进行分析，可以深入了解读者的阅读需求和行为习惯，为图书馆的资源采购、图书推荐、阅读推广等工作提供更加精准的决策支持。

智能书架系统和智能座位预订系统还能与图书馆的其他管理系统，如借阅系统、文献检索系统等进行集成，实现信息的共享和数据的互通。这种集成可以使得图书馆的管理更加智能化、自动化和高效化，从而提高图书馆的整体服务水平和读者满意度。

2. 各种安防设备，如监控系统、报警系统等

这些设备可通过物联网技术互联互通，实现安防的智能化管理和控制。例如，通过监控系统实时监测图书馆内的安全情况，发现异常情况及时报警处理；通过报警系统，可以实现图书馆内的安全防范和控制。

3. 移动化的读者服务

通过移动设备，读者可以随时随地访问图书馆的资源，提出服务需求，包括在线借还、在线阅读、在线预约座位、在线参与活动等。

4. 数据化的管理方式

通过先进的大数据技术，图书馆可以有效地对读者的行为、借阅记录、资源利用情况等数据进行全面、准确、实时的采集、分析和利用。这些数据可以为图书馆的运营和管理提供强有力的支持，实现更加精细化的管理。

通过读者行为分析，图书馆可深入了解读者的阅读偏好、阅读习惯、阅读频率等，及时发现读者的需求和反馈，据此优化服务流程和资源配置，提高读者满意度和忠诚度。

通过借阅记录分析，图书馆可了解哪些资源受到读者的欢迎，哪些资源利用率高，哪些资源需要增加采购等。通过这种分析，图书馆可以更好地满足读者的阅读需求，提高资源的利用率和效益。

通过对资源，如图书、期刊、报纸、电子资源等各类资源的利用情况分析，图书馆可以优化资源配置，提高资源利用效率和效益。

5. 智能化的决策支持系统

利用人工智能技术，图书馆可深入分析和挖掘采集到的各种数据，包括借阅记录、读者信息、图书信息等。这类数据分析，能为图书馆决策者提供科学准确的数据支持和决策建议，形成有利于图书馆发展的最佳决策，全面提升图书馆的管理效率和运营水平。

6. 协同化办公平台

借助协同办公平台，图书馆各部门之间可实现信息的充分共享和交互，高效协同，提高工作效率和服务质量。这种协同办公平台可以促进各部门之间的沟通与合作，消除信息孤岛现象，实现资源的优化配置。

协同办公平台能提供灵活的工作流程和任务分配机制，让图书馆员从烦琐的协调和沟通中抽身，将时间和精力更多地放在专业领域，提高工作效率。

协同办公平台能实现文档共享、任务分配、进度跟踪等功能，帮助图书馆更好地管理项目和任务。

协同办公平台能帮助图书馆与供应商、物流公司等外部合作伙伴建立信息共享和交互机制，确保信息的实时更新和共享，从而更好地合作。

协同办公平台能提供安全可靠的数据存储和备份机制，保障图书馆业务数据的安全性和完整性。

接下来，让我们共同畅想，身处全面网络化的图书馆会是什么样的体验。

畅想：访问网络化图书馆

智慧图书馆，这个充满科技感的美丽建筑，它不仅承载着传统图书馆的所有功能，更是所有软、硬件设施充分网络化的典范。在这里，信息技术的运用达到了极致，让读者在无比便利的网络服务中畅游知识的海洋，享受求知的乐趣。

进入智慧图书馆的大门，首先映入眼帘的是一座巨大的电子屏幕。这是图书馆的信息中枢，上面显示着当前的借阅情况、图书位置、活动安排等信息。同时，它还提供了实时网络导航服务，帮助读者快速地找到所需的资源。

在智慧图书馆里，每本书都有独一无二的身份牌——电子标签，可用于追踪书籍的位置，也能与读者的借阅卡交互。当读者将借阅卡放在标签上时，系统会自动记录并分析这位读者的阅读历史和阅读习惯，在回应读者诉求的同时，为其提供量身定制的私人服务。

在智慧图书馆里，网络不只是辅助工具，还是读者获取信息的主要渠道。在这里，每一个读者都可以享受到高速的网络服务，无论是查询资料、阅读电子书还是参加在线活动，都相当便捷。

在这里，你不仅可以阅读到各种各样的书刊资料，还可以通过网络接触到更广阔的世界。

第三节　知识服务智能化、人性化

智慧图书馆在知识服务上的智能化、人性化优势，通过以下案例体现。

案例一：坪山图书馆汤坑社区分馆

该馆由坪山图书馆与科源实验学校共建，是一个充满智慧和现代气息的图书馆，馆舍面积约 5450 平方米，藏书近 7 万册，向社会公众免费开放。通过 RFID 技术、自助借还书机设备等，该馆实现了图书全市通借通还，力求最大化地利用馆藏资源。

走进宽敞明亮的阅览区域，整齐排列的书架上摆放着各类图书，涵盖文学、历史、科技、艺术等多个领域。读者可以通过自助借还书机借阅心仪的书籍，通过基于 RFID 技术的查询终端快速搜索所需资料，并获得精确定位。为了满足不同年龄段读者的需求，该馆设置了儿童阅览区、青少年阅览区、成人阅览区等多个区域。每个区域都配备了阅读桌椅和照明设备。除了传统的纸质资料，该馆还提供丰富的数字资源，包括电子书、有声读物、视频教程等，方便读者通过图书馆的电子阅览室或个人移动终端获取，随时随地享受阅读的乐趣。此外，图书馆还定期举办各类阅读推广活动，如读书分享会、作家讲座、亲子阅读等，为读者提供了一个交流和学习的平台。

坪山图书馆汤坑社区分馆是一个集学习、休闲、交流于一体的文化场所。在这里，读者可以享受到丰富的阅读资源和舒适的阅读环境，结交志同道合的朋友，拓宽自己的视野。

坪山图书馆汤坑社区分馆是一个图书馆，更是一个社区文化中心。在这里，每个人都可以找到属于自己的阅读空间和知识宝库。对孩子们来说，这里是一个充满惊喜和乐趣的乐园。他们可以在这里阅读各种有趣的绘本和故事书，参加图书馆举办的绘画比赛、手工制作等活动，发挥自己的想象力和创造力。对青少年来说，这里是一个探索未知和追逐梦想的地方。他们可以在这里阅读各种科普读物、历史传记和名人自传，了解世界和自己，为实现梦想打下坚实的基础。对于成年人来说，这里是一个宁静致远和提升自我的场所。他们可以在这里阅读，丰富自己的内心世界和知识储备。

除了阅读区域和活动空间，坪山图书馆汤坑社区分馆还提供各种便利设施和服务，如免费 Wi-Fi、电脑室、复印机、饮水机等，尽可能为读者提供便捷舒适的阅读环境。

案例二："一键借阅"杭州地区公共图书馆线上服务一体化平台

杭州地区公共图书馆线上服务一体化平台通过统筹线上、线下资源，在杭州市范围提供三大借阅服务，实现平台线上线下通借通还，形成实体馆可借、自助可借、书店可借、线上可借等多渠道"智慧借阅服务"，使读者享受"全体、全域、全时段覆盖"的跨场景联动图书馆服务。该平台主动收集读者反馈，进行统计和数据分析，加大专项经费投入，扩充平台资源，优化用户使用体验，常态化推出"一键借阅读书日"、免邮券、新书推荐等优质服务,让城乡市民都能享受到"手指点点,尽享百万免费数字资源"的新型图书馆服务。

此外,"一键借阅"还实现了书店借书、图书馆买单的功能,使更多沉睡的图书资源"活"起来,让图书馆成为杭州市民的"家庭书房"。这个平台为各地图书馆的数字化转型与智慧化升级提供了新的参考样本,为数字化资源智慧图书馆的具体应用提供了有益的实践。

在该平台的推动下,杭州市民的阅读热情得到了极大的提升。平台数据显示,自上线以来,平台的注册用户数量已经达到了数十万人,累计借阅量达到了数百万册。同时,读者的满意度也持续高涨,对平台的评价和口碑也越来越好。

该平台解决了"线上线下服务场景分散""不同图书馆文献服务体验感差异大""现有线上借书平台使用体验感不佳"等问题,提供了一站式的线上借阅服务。自上线以来,已为数十万的杭州市民提供了便捷的借阅服务。读者只需在手机上下载"一键借阅"应用程序,即可在线上轻松查找、借阅、归还图书,享受图书馆的全方位服务。

该平台实现了与杭州地区各大公共图书馆的线上服务无缝对接,让读者无须出门即可借阅所需的图书,省去了烦琐的线下流程。"一键借阅"通过技术手段优化了线上借书平台的搜索功能,通过数据整合和算法优化为读者提供量身定制的荐书单。读者只需输入关键词,就能得到平台推荐的相关图书列表,以及每本书的详细信息,包括作者、出版日期、出版社、内容简介等,方便读者从中筛选最符合自己要求的。同时，"一键借阅"还针对不同年龄段的读者提供荐书服务。例如，针对儿童读者，推荐适合其不同年龄阶段的绘本、故事书等；针对青少年读者，推荐适合文学社科、自然科普等各类经典读物。

该平台提供了丰富的阅读社交功能，鼓励读者在阅读中结识志同道合的朋友，分享阅读心得和感悟。比如，读者可以在线上的"读书交流区"发表自己的读书心得、评论、推荐等，与其他读者互动。这一功能不仅增加了阅读的趣味性，还让读者在阅读中收获更多的知识和启示。

在该平台上，读者可以享受完善的信用体系和线上支付功能，只需绑定自己的身份信息，即可获得相应的信用额度，用于线上付款，方便快捷。该平台还与杭州市民卡公司合作，将借阅服务与市民卡绑定，实现了"一卡通"服务。读者只需使用市民卡，即可在平台上完成借书、还书、付款等各项操作。这不仅方便了读者的使用，也便于公共图书馆收集更加全面准确的服务数据。

平台积极推动数字化阅读的发展，与多家数字资源提供商合作，推出了电子书、音频书等数字资源的借阅服务。读者可以在平台上轻松查找、借阅、归还各种数字资源。

该平台还与多家物流公司合作，提供送书上门服务。

"一键借阅"杭州地区公共图书馆线上服务一体化平台的出现，彻底解决了传统图书馆借阅流程烦琐的问题，让阅读变得更加智能化，便捷化。它以读者为中心，以服务为导向，打造了全新的服务模式，让阅读变得更加有趣，有料，有温度。

"一键借阅"杭州地区公共图书馆线上服务一体化平台不仅为

杭州市民提供了更加便捷、智能的借阅服务，更推动了公共图书馆服务的转型升级。通过该平台，公共图书馆可以将优质的服务资源进行整合和优化，提高服务效率和质量，更好地满足人民群众的精神文化需求。

案例三：上海图书馆东馆

上海图书馆东馆是上海图书馆新建的分馆，该馆的建成，标志着上海市在文化建设方面又迈出了重要的一步。该馆以其丰富的文献资源和先进的设施设备，受到越来越多读者的关注和喜爱。

该馆全面引进 RFID 技术、自助借还书机等智慧图书馆技术、设备，实现了图书的自助借还、智能化管理、24 小时自助服务等。

馆内有宽敞明亮的阅读空间、舒适的阅读座椅、免费的 Wi-Fi 网络……读者可以在这里安心地阅读、学习。比如，深入研读各种学术著作、经典文学作品、历史档案等，通过电子资源平台获取海量的数字资源。不同层次、不同领域的阅读需求，都可以在这里得到满足。馆内还经常举办读书活动、讲座、展览等丰富多彩的文化活动，通过阅读推广活动、阅读讲座引导市民养成良好的阅读习惯，提高阅读能力和阅读兴趣。这些活动的举办不仅丰富了市民的文化生活，也为上海市的文化建设做出了积极的贡献。

案例四：厦门市图书馆

厦门市图书馆采用了最先进的 RFID 技术、自助借还书机等智慧图书馆设备，大大提高了图书借阅的便利性和效率，同时也可以更好地管理图书资源，避免了传统管理方式的烦琐和不便。该馆还建立了丰富的数字资源库和网上服务平台，读者可以随时随地查询图书信息、预约借阅、在线阅读等，无须到馆即可享受到图书馆的各种服务。

在服务方面，厦门市图书馆始终坚持以读者为中心，不断优化服务流程和提升服务质量，如该馆的自助借还书机操作简单方便，网上服务平台界面友好，读者可以轻松地完成各种服务操作。同时，该馆提供 24 小时自助服务，读者可以在任何时间到图书馆借阅图书或查询信息。

此外，厦门市图书馆还积极开展阅读推广活动，定期举办各类主题书展、读书会、讲座等，引导读者培养阅读兴趣和习惯。这些活动不仅丰富了读者的阅读体验，也为厦门市的文化建设做出了积极的贡献。

案例五：重庆图书馆

重庆图书馆的智能化管理系统采用了先进的人工智能技术，包括自然语言处理和机器学习算法等，能够理解读者的需求和意图，自动检索和推荐。

该馆的数字资源库包含了大量的电子图书、期刊、论文等文献资源，涵盖了多个学科领域。同时，该馆还通过网上服务平台提供了多种阅读服务，如在线阅读、下载、预约借阅等，方便根据自己的需求和习惯选择合适的服务方式。

这种智能化的服务模式不仅可以提高读者的阅读体验和效率，还可以减少图书馆工作人员的工作压力和烦琐程度，让他们有更多的时间和精力为读者提供更加优质的服务。同时，该馆还通过建立数字资源库和网上服务平台，为读者提供了更加全面、便捷、高效的阅读服务，提高了读者的阅读体验和效率，减少了图书馆工作人员的事务性工作，让他们有时间和精力为读者提供更专业的服务。

案例六：深圳市南山图书馆

深圳市南山图书馆尤其注重为特殊群体提供个性化的服务。例如，为视障人士提供专门的阅读设备和技术，为老年读者提供大字体和语音阅读服务，为残障人士提供无障碍通道和专用座位等。这些个性化的服务充分体现了南山图书馆的人文关怀和社会责任感。

该馆与学校、社区、企事业单位等合作，开展各种形式的阅读推广活动，助力全民阅读素养和文化素质的提高。

该馆还不断创新服务模式，以满足读者的多元化需求。例如：该馆提供了 24 小时在线咨询服务，读者可以通过图书馆的官方网站或微信公众号进行咨询，获取相关文献资料或参加图书馆举办的各种线上活动；积极探索"互联网＋"模式，将图书馆的服务与互联网技术相结合，用更加智能化、便捷化的服务满足读者需求。

南山图书馆注重人才培养和队伍建设，如定期开展员工培训和学习活动，提高员工的专业技能和服务意识。同时，该馆还积极引进优秀人才，不断优化队伍结构，从而不断提升运营效率和服务水平。

案例七：武汉市洪山区图书馆

武汉市洪山区图书馆采用智能书架管理系统，实现了图书的自动分类、排序、整理等功能，大大提高了图书的管理效率。该馆也提供了 24 小时自助查询服务，方便读者通过自助查询机查询图书馆内的图书、资料等信息，随时随地获取所需资料。

　　该馆的数字资源库和网上服务平台为读者提供了丰富的内容和智能化的服务。读者可以在家中通过图书馆的网站访问数字资源库，获取电子书、电子期刊等数字资源，还可以在线听书、听音乐、看电影等。

第四节　知识传播最大化、节能化

一、知识传播最大化

物联网技术将图书馆资源、人员以及设备等要素整合、联系起来，形成一个网状互联的集成系统，实现图书馆建筑形态、资源和服务等要素的虚实结合，让读者和图书馆管理系统、图书资源系统连接，形成多向网状服务，从而在更大范围内传播知识。

1. 学习资源共享

智慧图书馆能够实现跨机构、跨地区的资源共享。这意味着读者可以获得所在图书馆之外的其他图书馆和机构的资源，而无须离开自己的城市或地区。

2. 知识传播集成化

智慧图书馆的互联不仅体现在信息管理上的互联，更体现在读者、管理人员等人员之间的互联。通过先进的互联网技术，智慧图书馆可以将各种具有独立性的文献信息进行串联，实现读者与管理，前、后台的智能交互。例如，前台可以及时将读者的需求和反馈传递给后台管理人员，后台则可以根据前台反馈的信息进行相应的调整和优化。同时，前、后台之间还可以实现数据的共享和分析，为图书馆的运营和发展提供更加全面和准确的数据支持。

3.学习利益共享

智慧图书馆与各类教育机构、科研机构、其他公共图书馆等的合作，除了实现了不同类型学习资源的共享，还能实现及时就学习所获得的成果、利益互联互通，使得学术、教育和社群网络有机地结合在一起，形成了多元化、互动性强的知识分享社区。

4.教育教学平台

智慧图书馆不只是图书馆，还是支持教育教学的平台。学生、教师、研究人员可以通过智慧图书馆获得更全面、专业的信息资源，提高学习效果、教学水平、学术研究质量。

对于教师而言，智慧图书馆除了是一个巨大的教学资源库，还是一种智能化的互动教学工具。教师可以利用这一工具在线备课、授课，以及一对一、一对多地教学辅导，提高教学效果。同时，借助智慧图书馆提供的交流平台，与其他教育工作者实时互通有无，及时更新教育观念和教学方法。

对于学生来说，智慧图书馆除了是一座获取知识的宝库，还是培养自主学习能力和创新思维的场所。学生可以通过智慧图书馆的在线学习平台自主学习，讨论交流，完成各种创新性任务，从而培养独立思考和解决问题的能力。此外，智慧图书馆还为学生提供了拓展课外知识和兴趣爱好的机会，帮助其全面发展。

对于研究人员来说，智慧图书馆为他们提供了一个便捷的科研助手。研究人员可以利用智慧图书馆的强大搜索功能和数据分析工具，快速筛选和整合相关研究资料。同时，智慧图书馆还能为研究人员提供学术期刊、论文等资源的订阅和推送服务，帮助他们及时了解最新的学术动态和研究成果。

二、知识传播节能化

智慧图书馆在建设和管理过程中，不仅注重传统意义上的服务质量和效率，也强调环保和节能的重要性。为此，图书馆采用了各种智能化技术和系统，对能源和资源的使用进行精细化管理，力求最大限度地减少浪费和消耗。举例如下。

通过智能化管理技术的应用，图书馆可以实时监控各个区域内的能源使用情况，及时发现和杜绝任何可能的能源浪费。这不仅有助于节省能源，降低运营成本，也有助于提高能源利用效率，实现可持续发展。

图书馆在建设过程中大量采用环保材料和绿色建筑技术，如可再生资源、低碳材料等，避免了对自然资源的不合理开采和对环境的污染，同时，也有利于提高建筑物的能效和使用寿命。

智慧图书馆的环保节能观念和方法，不仅有利于图书馆自身的可持续发展，也在潜移默化中培养了读者的环保节能意识，更加自觉地参与相关行动。

第三章

数字化社会对智慧图书馆的影响

随着科技的飞速发展，数字化技术已经成为现代图书馆建设中不可或缺的重要部分。它为图书馆提供了无尽的可能性，不仅改变了图书馆的运作方式，也极大地提高了图书馆的服务质量和效率。

智慧图书馆的产生和发展，基于数字化社会的技术变革及其应用需求。从图书馆与公众最密切相关的角度而言，数字化社会对图书馆的影响大致可总结为以下三方面。

一、数字化技术提高了图书馆的信息检索能力

通过将图书资源转化为数字信息，图书馆能够实现信息的快速、准确检索。读者可通过图书馆的数据库或在线平台进行关键词搜索，轻松找到所需资源，大大节省了搜索时间。同时，数字化技术还使得图书馆能够据读者的兴趣和需求推荐相关资源。目前，数字化技术已经广泛应用于图书馆信息检索领域，如自助借还书机

二、数字化技术为图书馆的资源共享提供了便利

在数字化时代，图书馆可以将馆藏资源转化为电子书、电子期刊等形式，与其他图书馆或学术机构进行资源共享。这不仅提高了资源的利用率，也使得更多的读者能够享受到图书馆的服务。此外，数字化技术使得图书馆能够跨地域、跨时间提供服务，无论读者身

处何地，只要有网络连接，都可以随时随地访问图书馆的数字资源，获取所需的信息和知识。

三、数字化技术使图书馆能更好地满足读者的个性化需求

通过数据分析和智能推荐等技术，图书馆可以相对精确地推算出某类或某个读者的特定需求，针对这些需求向其推荐符合条件的感兴趣的资料、活动、服务等，节省读者自己从海量资源中筛选的时间和精力，提高读者获取最佳资源的概率。由此，让读者享受到为其量身定制的个性化的服务。

第一节 推动智慧图书馆发展的数字化技术

一、物联网技术

物联网是一种技术架构，依托互联网将各种物理设备和传感器连接到网络中，使这些设备能够收集和交换数据。这些数据可以用于分析和优化各种设备的性能，以及预测未来的趋势。

物联网技术是推动智慧图书馆产生和发展的第一基础。该技术能让图书馆实现以下智慧化升级。

对各业务系统的全方位监控，如监控每一本图书的状态，包括位置、借阅情况等。

优化图书馆的服务模式，提高读者的体验。例如，目前已经实现的，全自动化图书预约和借还。同时，物联网技术还可以实现图书的智能推荐和个性化服务，根据读者的阅读习惯和兴趣，推荐适合的图书，为读者提供更加个性化的阅读体验。

提高图书馆的安全性。例如：实时监控图书的状态，及时发现和解决图书丢失或者损坏的问题；对图书馆内的人员实时监控和定位，防止安全事故的发生。

为图书馆的决策提供更加科学的数据支持。例如，通过物联网技术收集和分析的数据，图书馆可以了解读者的阅读需求和行为习惯，为图书采购、阅读推广等决策提供数据支持。

帮助图书馆优化内部管理流程，提高工作效率和管理水平。

二、无线射频识别（RFID）技术

无线射频识别（RFID）技术可将图书进行数字化，并在书架上安装感应器，实时监测图书的库存情况，方便图书馆工作人员进行盘点、整理和补货。

在传统的借阅流程中，读者需要排队等待，并在借阅过程中与图书馆员进行交流。现在，通过 RFID 技术，读者只需在自助借阅机扫一扫自己的借书证，将要借走的图书一并放在感应台上由机器一并识别，1 分钟内就能完成借阅，拎书离馆。归还图书时同样高效。

当读者需要查找某本书时，可以通过图书馆的自助查询机输入书名或关键词，机器会快速定位到图书的位置，并显示详细的路径信息。缩短读者查找图书的时间。

我们通过下面的案例来具体感受 RFID 技术对智慧图书馆的巨大作用。

案例一

深圳图书馆新馆在 2006 年 7 月建成，并成功实施了深圳图书馆 RFID 系统，开创了中国公共图书馆使用 RFID 系统的先河。RFID 技术的应用使得深圳图书馆的服务水平和业务效率有了根本性的提高。新馆开馆后，广大读者对 RFID 技术产生了浓厚的兴趣，对其便捷与高效有着普遍的认同和热烈的欢迎。

自深圳图书馆新馆建成并成功实施 RFID 系统，这座现代化的图书馆吸引了越来越多的读者。每天，数以万计的读者来到这里，借阅书籍，查阅资料，参加各种文化活动。RFID 系统的应用不仅提高了图书馆的服务水平和业务效率，更为广大读者带来了前所未有的阅读体验。

在深圳图书馆新馆里，读者可以方便地自助借还图书，无须排队等待人工服务。由于 RFID 技术实现了快速、精准的图书检索，读者只需在终端输入书名或关键词，就能迅速找到所需的图书。通过图书中嵌入的 RFID 芯片，读者用智能手机扫码，轻松获取图书的详细信息，甚至可以用手机与图书实现互动。这些便捷与高效的智能化功能，让读者惊喜连连，都确信这一定是图书馆进步的必然趋势。

新馆开馆后，读者到馆人数是原来的 7~10 倍，外借数量是原来的 6~9 倍。这些显著增长的数据充分证明了 RFID 技术的成功应用以及读者对其的高度认可。深圳图书馆新馆的成功为其他公共图书馆提供了宝贵经验。之后，RFID 技术在中国的图书馆界开始广泛应用。

案例二

2008 年 9 月 9 日，国家图书馆二期暨国家数字图书馆正式开放，迎接读者的到来。该馆将传统图书馆服务和数字化服务完美结合，引领了图书馆服务的新潮流。其中当然包括引入 RFID 技术。

国家数字图书馆自应用 RFID 技术以来，充分验证了该技术的稳定性和可靠性。

可以说，国家图书馆二期暨国家数字图书馆的成功开放，标志着图书馆服务进入了一个新的时代。此外，国家图书馆二期暨国家数字图书馆还提供了多样化的阅读服务和活动，如讲座、展览、读书会等，这些活动为读者提供了更丰富的阅读体验和互动交流的机会。同时，图书馆还利用数字化手段，如移动图书馆、电子书籍、网络课程等，为读者提供了更便捷、更全面的阅读服务。

国家图书馆二期暨国家数字图书馆的开放以及 RFID 技术的应用，不仅提高了图书馆的管理效率，也提升了读者的阅读体验。这是一次图书馆服务的重大创新和突破，预示着图书馆服务的未来将更加智能化、人性化、便捷化。

继深圳图书新馆之后，国家图书馆二期暨国家数字图书馆、上海长宁区图书馆、上海交通大学图书馆等也先后成功地应用 RFID 技术开启了对图书资源和阅读服务的智能化管理。当然，这并不意味着 RFID 技术可以完全取代传统的管理方式。在某些情况下，传统的管理方式仍然具有一定的优势。因此，图书馆需要根据自身的实际情况和需求，选择适合的方式。

三、大数据技术

通过先进的大数据技术，图书馆可以有效地对读者的行为、借阅记录、资源利用情况等数据进行全面、准确、实时的采集、分析和利用。这些数据可以为图书馆的运营和管理提供强有力的支持，实现更加精细化的管理。

在读者行为分析方面，通过大数据技术，图书馆可以深入了解读者的阅读偏好、阅读习惯、阅读频率等，为读者提供更加个性化、精准的服务。同时，通过对读者行为的分析，图书馆可以及时发现读者的需求和反馈，优化服务流程和资源配置，提高读者满意度和忠诚度。

在借阅记录分析方面，大数据技术可以帮助图书馆了解哪些资源受到读者的欢迎，哪些资源利用率高，哪些资源需要增加采购等。通过这种分析，图书馆可以更好地满足读者的阅读需求，提高资源的利用率和效益。

在资源利用情况分析方面，大数据技术可以详细分析各类资源的利用情况，包括图书、期刊、报纸、电子资源等。通过这种分析，图书馆可以优化资源配置，提高资源利用效率和效益。大数据技术在图书馆的应用可以为图书馆的运营和管理提供全面、准确、实时的数据支持，实现更加精细化的管理。同时，通过大数据技术的分析和利用，图书馆可以更好地满足读者的阅读需求，提高服务质量和读者满意度。

四、虚拟现实技术

在智慧图书馆的不断发展中，虚拟技术的作用日益凸显。

1. 全新的展示方式

虚拟现实技术为图书馆提供了全新的展示方式。在图书馆的虚拟空间中，读者可以通过头戴式设备浏览和探索书籍、资料和多媒体内容，沉浸在特定主题的氛围中。

2.提高图书馆员工作效率

虚拟技术为图书馆员提供了更高效的工作方式，比如帮助图书馆员更好地管理库存，提高空间利用率。

虚拟技术能为读者提供个性化的服务。通过智能推荐系统，图书馆可以根据读者的兴趣和阅读历史为其推荐合适的书籍和资料。同时，虚拟现实技术还可以为读者提供互动式的阅读体验，增强读者的参与感和获得感。虚拟技术还为图书馆带来了更多的可能性。通过与不同机构和企业的合作，图书馆可以利用虚拟现实技术开展远程教育、文化交流和职业培训等活动，扩大其社会影响力。

图书馆是一个充满纸张和知识的地方，也是不断应用新技术的先锋站。虚拟现实技术的应用，让图书馆变得更加生动有趣。通过头戴式设备，读者可以身临其境地"走进"书中的世界。比如，阅读科幻作品的读者可以"走进"书中的宇宙飞船，与小说中的角色进行互动；阅读历史作品的读者可以"穿越"到书中描写的时代，感受时代气息，亲历历史事件。

五、三维数字化（3D）技术

三维数字化（3 Dimensions）技术（以下简称"3D技术"），是一种基于计算机、网络、数字化平台的现代工具性基础共用技术，包括3D软件的开发技术、3D硬件的开发技术，以及3D软件、3D硬件与其他软件硬件数字化平台、设备相结合在不同行业和不同需求上的应用技术。

通过 3D 技术，读者可以更加直观地浏览图书馆内部，快速找到所需图书的位置。3D 技术还可以帮助读者了解图书的细节信息，如作者、出版日期、图书简介等。读者可在虚拟环境中翻阅图书，了解其内容和版式，甚至可以通过虚拟现实技术感受到阅读的真实体验。这些功能不仅方便了用户查找和选择图书，也增加了图书馆的互动性和趣味性。

3D 技术为图书馆管理带来便利。通过 3D 模型，图书馆员可直观地了解图书馆内部的布局和图书摆放情况，高效完成图书的整理和调度。此外，图书馆员还可利用 3D 技术进行安全监控，及时发现图书馆内的异常情况，保障图书馆的安全运营。

3D 技术有助于图书馆数字化转型。通过将馆藏图书转化为 3D 数字资源，图书馆可以永久保存珍贵文献，并为其提供更广泛、更持久的访问服务。3D 数字资源还能远程用户提供更加真实的阅读体验，增加图书馆的吸引力。

六、人工智能

人工智能（artificial intelligence,AI），是指让计算机模拟人类的某些智力活动和行为，使其具有人的感知能力，能够看、听、说，并自动学习知识；具有人的思维能力，能够判断、分析、推理和决策；具有人的行为能力，能够自动根据外界情况来执行某些任务。

简而言之，人工智能是一种计算机技术，它可以通过学习、推理和自动化来执行复杂的任务。人工智能技术可以用于图书馆的咨询服务、个性化推荐等方面。读者可以通过与人工智能机器人对话，获取图书馆的资源和服务信息，也可以根据人工智能的推荐，选择自己感兴趣的书刊和其他资源。

七、其他智能技术

云计算、边缘计算等技术，通过这些技术可以实现图书资源的共享和高效利用。例如，通过云计算技术可以将图书馆的资源和服务部署在云端，实现随时随地的访问和使用，通过边缘计算技术可以将图书馆的服务和数据存储在本地，提高服务的可靠性和安全性。

1. 云计算技术

云计算技术能将图书馆的资源和服务部署在云端，实现随时随地的访问和使用。这种云端部署的方式不仅提供了无限的访问能力，还确保了服务的连续性和高可用性。无论读者身处何地，只要有网络连接，就能访问图书馆的资源和服务。

2. 边缘计算技术

边缘计算技术能将图书馆的部分服务器和数据存储设备部署在本地，更加靠近读者，从而大幅提高服务的可靠性和安全性。这种分布式计算和存储方式有效地解决了网络延迟和数据隐私问题，为读者提供了更快、更安全的服务。

3. 数字孪生技术

数字孪生技术能构建一个图书馆的虚拟副本，完全映射原始图书馆的物理空间和信息空间。这种虚拟副本可以实现图书资源的数字化管理和检索，使得图书的查找、借阅和管理变得更加高效和便捷。该技术还能为读者提供沉浸式的阅读体验和服务，即让读者在虚拟环境中阅读，享受与现实世界相似的感受和体验。这种沉浸式的阅读体验能增强读者的阅读兴趣和参与度，提高图书馆的使用率和读者满意度。

第二节　智慧图书馆中的智能终端

一、自助借还办证一体机

自助借还办证一体机方便读者自助完成咨询、查询、预借还书等程序，大大提高了借阅效率。其具体优点如下。

1. 全天候运行

自助借还办证一体机可以在任何时间运行，无论是在白天还是晚上，甚至是在周末和节假日，读者都可以方便地使用。它不仅为读者提供了便利，而且也极大地提高了图书馆的资源利用率。无论读者是在工作时间还是休息时间，都可以随时借阅自己需要的图书或查询相关资料。

2. 智能自助

自助借还办证一体机具备高效的自助服务功能，方便读者自行完成借阅、续借、预约等操作，而且能够快速准确地处理借阅和归还书籍，并自动更新借阅记录和提醒归还日期。

3. 提高了安全性

自助借还办证一体机是一款采用最先进的身份验证和密码保护技术的设备。它能够确保读者身份信息的准确性和隐私性，这是非常重要的，因为身份信息是个人最重要的资产之一，必须得到妥善保护。同时，通过使用这种设备，还可以避免在借阅过程中可能出现的一些错误和漏洞，例如借阅证被盗用或借书证被滥用等。机器内置了摄像头和报警装置，能够实时监控机器的运行状态和读者的行为。如果有人试图非法打开机器或进行破坏，机器会立即发出警报并自动联系图书馆管理员。此外，机器还配备了指纹识别和面部识别技术，确保只有授权人员才能访问机器内部，从而保障读者的个人信息安全。

4. 操作简单方便

自助借还办证一体机采用了人性化的设计，机器提供了详细的操作指南和帮助提示，简单易懂，读者只需要按照提示完成相关步骤即可。由于搭载了高效识别技术，自助借还办证一体机可快速准确地识别读者的身份信息。读者只需要将身份证放在机器的感应区，机器就会自动读取身份信息并完成后续的操作。

以前，读者需要将书籍归还到图书馆的指定地点，而现在，读者可将书籍放在一体机上的还书口，机器会自动将书籍归还到图书馆的相应位置。这种便捷的还书方式不仅节省了读者的时间，还有助于提高图书馆的归还率和图书流通率。

5. 绿色环保设计

自助借还办证一体机引入了环保设计理念，能有效减少纸张和塑料的使用，从而降低对环境的影响。例如，机器会根据读者的借阅记录自动生成账单，读者可以通过机器上的电子屏幕或手机应用程序查看账单，还款，无须再使用纸张打印账单或使用塑料袋等一次性塑料制品。

6. 节约人力成本

传统的图书馆借阅需要工作人员协助完成咨询、查询、借阅等程序，而自助借还办证一体机的出现，大大减轻了工作人员的负担，使他们有更多的时间和精力提供更有价值的服务。

以前，读者需要在图书馆工作人员的帮助下，花费较长的时间才能完成借阅程序。而现在，读者可以通过自助借还办证一体机快速完成借阅、查询、办证等流程，大大缩短了等待时间。

7. 高效收集数据

自助借还办证一体机有强大的数据处理能力，可以实时记录读者的借阅情况、归还情况以及办证信息等。为图书馆提供准确、实时的数据。图书馆可通过自助借还办证一体机收集读者的借阅数据、阅读偏好等信息，以便更好地满足读者的阅读需求。同时，这些数据还可用于分析图书馆的运营状况，为图书馆管理层提供决策依据，推动图书馆优化管理，改进服务。

8. 美化形象，提高知名度

自助借还办证一体机的智能化管理和高效服务，可让读者对图书馆产生更好的印象，从而美化图书馆的社会形象，提高图书馆的社会知名度。

二、人脸识别智能门禁

人脸识别智能门禁依托人脸识别、大数据等技术，使门卫管控由传统的人力监管升级为人工智能监管。

1. 自动精确识别

人脸识别智能门禁能精确识别、拍摄进出人员，极大地提升了对进出人员身份及其进出时间的记录和监管，能有效防止陌生人随意进出，确保了场馆内的安全。

2. 使用便捷

人脸识别智能门禁支持多种验证方式，如刷卡、手机应用程序等，方便授权人员在多种场景下使用。

3. 分级管理

人脸识别智能门禁可根据场馆内的实际情况，灵活设置不同区域、同一区域不同时段的进出权限，实现分级管理，提高管理效率。

三、智能书架

智能书架是一种利用物联网、大数据、人工智能等技术，具有图书定位、自助借还、自动盘点等功能的新型书架，为图书馆管理带来了诸多便利。

1. 高效检索

智能书架采用 RFID 等技术，对图书进行智能分类、归档、定位等，提高了检索图书的效率，方便读者快速自助查书，也大大减少了图书管理员的工作量。

2. 智能盘点

智能书架能对图书进行自动盘点，快速准确地确定图书的数量和位置，使图书馆员摆脱了传统盘点的烦琐和耗时。

3. 安全防盗

智能书架能对图书进行智能识别和跟踪，及时发现图书的异常情况并报警，保障了图书馆的资产安全；能自动识别取书者的身份信息，确保图书不会被未经授权者违规拿取。

4. 节能环保

智能书架能自动调整灯光亮度、温度等参数，为读者提供舒适的阅读环境，同时减少能源的浪费。智能书架采用环保材料制造，最大限度地减少对自然环境的不良影响。智能书架是一种具有多种功能的新型书架，为图书馆管理带来了更多的便利和效益。

四、3D 光雕投影

将 3D 光雕投影技术应用到图书馆中，可以将书籍中的人物、场景以更加生动形象的方式展现在读者面前，增强阅读体验。图书馆还可以利用 3D 投影技术进行以下方面的工作。

1. 展示珍贵文献

有些图书馆可能拥有一些珍贵的文献，如手稿、古籍等。利用 3D 投影技术可以将这些文献进行高保真扫描和还原，制作成3D084 数字化社会中的智慧图书馆建设与发展模型，并在图书馆内部进行展示。这样不仅可以保护这些珍贵的文献，还可以让读者更加直观地了解这些文献的外观和细节。

2. 辅助阅读

图书馆可以利用 3D 投影技术将一些难以理解或者抽象的概念以更加生动形象的方式呈现给读者。比如，在阅读物理学或者生物学等学科的资料时，可以将一些复杂的理论和公式以 3D 动画的形式展示出来，帮助读者更好地理解和掌握。

3. 增强互动体验

图书馆可以利用 3D 投影技术为读者提供更加互动的阅读体验。比如，在阅读一些儿童文学或者科幻小说等书籍时，可以将书中的场景或者人物以 3D 投影的形式展现出来，让读者能够身临其境地体验书中的情节和情境。同时，还可以加入互动环节，让读者能够与书中的角色进行互动和交流。

4. 提高学习效率

图书馆可以利用 3D 投影技术为读者提供更加高效的学习方式。比如，在学习一些需要理解和掌握复杂结构或者模型的学科时，可以利用 3D 投影技术将模型或者结构进行高保真还原和展示，帮助读者更加深入地理解和掌握相关知识。

综上所述，图书馆利用 3D 投影技术可以提供更加直观、生动、互动和高效的学习和阅读体验，为读者带来更多的便利和收获。

五、大数据智慧墙

图书馆大数据智慧墙是按照预设的呈现模式，将图书馆各业务系统的服务数据转化为动态图表，直观反映图书馆为读者提供的各类服务的可视化系统。其具有以下特点。

1. 实时更新馆内相关数据信息

大数据智慧墙可通过实时或离线的方式，从图书馆其他业务系统内调取数据，同步反映到动态展示屏幕上，方便读者快速获取所需信息。例如，在屏幕上展示场馆读者热力分布的情况，提供不同区域、不同时间段读者流的密集程度，方便读者选择或判断在什么时间、到哪个地方阅览图书。更合适从而在合适的时间、合适的地点阅览图书读者可以清晰地看到不同区域不同

2. 动态展示界面美观友好

为了确保读者驻足观看，大数据智慧墙必须具有良好的视觉展示效果，否则页面不好看，吸引不了读者的眼球，就算提供的内容既丰富又实用，也发挥不了作用。此外，界面足够友好也是大数据智慧墙能吸引读者观赏兴趣的必备特征。

3. 无障碍互动

智慧墙系统展示的内容具有一定的互动性。例如，设定登录读者证号的微信用户扫描二维码后，生成读者个人图书推荐、阅读分析报告等一对一服务，使图书馆读者服务向更加个性化的方向转变，有效提高读者深入阅读的积极性。

大数据智慧墙的引入，不仅将图书馆服务带入了数字化时代，也使得图书馆与读者之间的联系更加紧密。通过智慧墙，图书馆能够更好地了解读者的需求和喜好，为读者提供更加个性化和精准的服务。同时，读者也可以通过智慧墙获取到更多的知识和信息，更好地满足他们的阅读需求。下面以江西省图书馆的大数据智慧墙为例。

案例：江西省图书馆大数据智慧墙

江西省图书馆的大数据智慧墙不仅提供了丰富的信息查询服务，还为读者带来了更加便捷的阅读体验。读者只需在智慧墙前驻足片刻，便可以轻松地了解最新的图书排行榜、活动日程以及新书

发布等信息。这种即时获取信息的方式，使得读者不再需要耗费大量时间在寻找和筛选信息上。

江西省图书馆还利用大数据智慧墙开展了各种阅读推广活动。例如：通过智慧墙发布新书推荐、读书排行榜、作者访谈等信息，吸引更多的读者来到图书馆阅读和学习；利用智慧墙展示读者的阅读成果，如读书笔记、书评等，激发读者的阅读热情和创作灵感。

通过大数据智慧墙，江西省图书馆实现了与读者的即时互动和信息共享，为读者提供了更加全面和个性化的阅读体验。

六、图书馆大数据平台

大数据对图书馆服务的影响主要体现在三个方面，即服务内容、服务方式、服务平台。目前，图书馆所能提供的个性化服务、知识服务、精准知识、智能服务、增值服务、大数据服务等服务内容和服务方式，都需要图书馆大数据平台支撑。图书馆大数据平台是一个高度先进的工具，它的核心作用不仅是帮助图书馆更好地管理和分析数据，还包括许多其他关键功能，主要体现以在下方面。

1.实现个性化服务

图书馆可以利用先进的大数据技术，对读者的借阅行为、阅读偏好、搜索历史等数据进行全面收集、精确分析和深度挖掘。通过这种方式，图书馆可以更深入地了解读者的阅读需求和喜好，从而更好地满足他们的需求。

2.实现智能化管理

通过大数据技术的帮助，图书馆可以更好地掌握读者的阅读兴趣、借书习惯和需求趋势。从而优化图书馆的资源采购策略，更精准地购买新书，还可以制定个性化的服务策略，如推出专门的阅读活动或增加特定领域的藏书。

大数据技术还能帮助图书馆优化排架工作。通过分析读者的借阅数据，图书馆可以合理地安排图书或其他资料的位置，使得读者能够更加方便地找到自己需要的资料。

3. 丰富运营模式

在大数据平台的支持下，图书馆手握海量数据信息并能按具体需求进行数据分析和测算，更大程度地实现资源的跨界共享与合作，等等。因此，图书馆在运营模式上有了更多可供灵活创新的空间。比如，大数据技术能够协助图书馆进行精准的推广活动。图书馆可以利用读者的搜索历史和借阅行为等数据，为他们推送个性化的阅读推荐和活动信息，等等，从而有效提高图书馆的推广效果，增加读者的阅读参与度和满意度。

七、无人值守智慧图书馆

无人值守智慧图书馆实现了全智能化远程管理。当读者持有效证件进入智慧图书馆时，可在自助设备上快速完成咨询、查询、预借还书等操作。管理者可对馆内的空调、灯光等设施设备的运行状态进行远程设定和调整。无人值守智慧图书馆提供了自助化、智能化、数字化、人性化的服务，提高了广大读者对资源使用的便利度，使得智慧阅读无处不在，轻松便捷。

第三节 智慧图书馆中的智能系统

一、自助借还系统

越来越多的图书馆引入了自助借还书系统。读者可通过自助借还书机或智能手机应用程序借阅和归还图书。这种系统能通过识别读者的借书证和其所借阅资料的条码，实现快速准确的借还书操作。同时，系统还会根据读者的借阅历史和阅读习惯，推荐相关的图书和资料。许多图书馆还提供了数字阅读服务，读者可以通过图书馆网站或智能手机应用程序访问海量的电子书、电子期刊等数字文献资料，无须到图书馆即可随时随地阅读。

自助借还系统是一种集成智能化、自动化、便捷性和安全性于一体的先进系统。该系统采用了最先进的 RFID 物联网技术，能实现对馆藏资料、管理者、借阅者等信息的综合识别，具有高精度、高效率和高可靠性。自助借还系统将图书馆员从烦琐的人工查找资料、运送资料、办理借还手续等工作中彻底解脱出来，也让读者免去了长久的等待时间。

自助借还系统包含自助借还设备、自助借还管理软件。这些设备和管理软件经过精心设计和优化，能满足读者的各种需求。当读者通过该系统借书时，系统会自动读取读者借阅证件，获取所借图书的精确位置，并通过智能化的提示，指引读者快速找到所需图书，自助完成借阅。

自助借还系统具备完善的安全机制和权限管理功能，可确保读者借阅的资料不被他人误拿或丢失。同时，系统还能够对借阅者的借阅记录进行详细记录和统计，为图书馆管理者提供重要的数据依据。

二、虚拟现实技术系统

虚拟现实技术可以用于图书馆的展览、文物展示等方面。读者可以通过虚拟现实技术，身临其境地感受展览的氛围和文物的细节。虚拟现实技术还可以用于图书馆的参考咨询和教育培训等方面。通过虚拟现实技术，图书馆员可以为用户提供更为生动、形象的信息服务，同时也能够让用户更加便捷地获取所需的知识和技能。虚拟博物馆、虚拟艺术画廊、虚拟现实阅读、虚拟现实导览、虚拟现实教育等，都是以虚拟现实技术为基础的集成化系统应用（详见本书第五章）。

三、智能排架系统

智能排架系统是利用 RFID 技术对图书进行排架和定位的一种系统。通过在每本书上安装 RFID 标签，并在书架上安装读写器，系统可以实时监控图书的位置和流动情况。当读者需要查找某本书时，可以通过自助查询机或智能手机应用程序查询该书的位置，并在系统的指引下找到图书。

在智慧图书馆中，智能排架系统发挥着至关重要的作用，具体表现如下。

1. 自动识别和跟踪图书

智能排架系统采用先进的物联网技术和人工智能算法，能够自动识别和跟踪图书。每个图书都配备了 RFID 标签，系统可以通过标签自动识别图书的名称、作者、出版年份等信息。同时，系统还可以实时跟踪图书的位置，确保其在正确的书架上。

当读者需要借阅图书时，可以通过自助借阅机或移动应用程序进行操作。在自助借阅机上，读者只需将借阅卡放在机器的感应区，然后按照屏幕提示选择要借阅的图书。机器会自动读取 RFID 标签的信息，并将图书从货架上取出。如果图书被其他读者借走，系统则会提示读者等待或选择其他图书。

2. 自动推荐和导览

智能排架系统还可以根据读者的借阅历史和阅读偏好推荐图书。例如，当读者归还一本书时，系统会自动分析该书的主题、作者和其他相关数据，然后向读者推荐类似主题的图书。这些推荐将通过图书馆的网站、移动终端应用程序或电子邮件发送给读者。

3. 收集有价值的数据

智能排架系统能图书馆收集大量有价值的数据，这些数据可以用于优化管理和运营决策。

4. 加强数据的共享和交互

智能排架系统可通过与图书馆其他管理系统的集成，实现数据的共享和交互。这意味着图书馆员可以随时了解图书的库存情况和位置，以及读者的借阅和归还情况。这样的数据集成不仅可提高图书馆的管理效率，还可为读者提供更加个性化的服务。

5. 提高图书盘点效率

智能排架系统具有高效的图书盘点功能，可自动识别缺失的图书，并帮助图书馆员快速找到缺失的图书，从而确保图书馆藏书的完整性和准确性。这一功能对于图书馆的长期运营和维护非常重要，可以避免因图书丢失或错误导致的损失。

6. 智能推荐和导览

通过分析读者的借阅记录和阅读习惯，系统可以向读者推荐相关的图书和资料。在图书馆的导览过程中，智能排架系统可根据读者的需求和兴趣，自动规划最佳的浏览路径，引导读者高效获取所需的图书或资料。智能排架系统还能帮助读者了解资料的在架情况，避免出现找到资料所在位置，却因资料已被借走而扑空的情况。

7. 提供更深入的数据分析

智能排架系统可为图书馆提供更深入的数据分析，生成各种数据分析报告，帮助图书馆管理人员更好地了解藏书的流通情况、读者的阅读需求等。这些数据可以为图书馆的藏书采购、排架优化、阅读推广等活动提供有力的支持。

总而言之，智能排架系统可以提升文献的自动识别、快速清点功能，强化文献的流通统计，归还文献的快速定位，有效降低文献的错架率，提高图书管理人员的工作效率。

四、智能安保系统

智能安保系统是利用视频监控、门禁系统等技术对图书馆进行安全防护的一种系统。通过安装在图书馆各个角落的摄像头和感应器，智能安防系统可实时监控图书馆的人员出入情况和环境安全状况。当发生异常情况时，系统会自动报警并通知管理人员处理。

在图书馆管理中，智能安防系统发挥着重要的作用。这些系统利用了最先进的技术，从监控到报警，再到安全防范，形成了一个完整的安全防护体系。

1. 监控系统

监控系统是智能安防系统的核心。它们采用了人工智能和大数据技术，对图书馆内的每一个角落进行实时监控。这些监控设备具有高清晰度，能够捕捉到每一个细节。同时，这些监控设备还具备智能分析功能，能够自动识别异常行为和事件，并及时发出警报。

2. 报警系统

报警系统是智能安防系统的另一个重要组成部分。当监控系统检测到异常行为或事件时，报警系统会立即启动，会、以声音、灯光、手机推送等方式发出警报，提醒管理人员迅速处理。同时，报警系统还会将警报信息发送到相关部门的绑定手机上。

3. 安全防范系统

安全防范系统是智能安防的最后一道防线。它们采用人脸识别、指纹识别等技术，对进出图书馆的人员进行身份验证。如果发现异常人员，安全防范系统会立即启动报警系统，并通知管理人员进行处置。此外，安全防范系统还会对图书馆内的消防设施、安全出口等进行智能管理，确保在紧急情况下能够快速启动。

智能安防系统的应用，使图书馆的安全得到了全面的保障，不仅提高了图书馆安全管理的效率，还降低了意外事件的发生率。在未来，随着技术的不断发展，智能安防系统将在图书馆中发挥更大的作用，为读者提供更加安全、舒适的环境。

五、智能统计分析系统

智能统计分析系统，是一种利用大数据和人工智能等技术对图书馆的各种数据进行统计、分析、利用的系统。通过收集和分析读者的借阅数据、查询数据等，智能统计分析系统测算得出读者的阅读偏好和行为习惯，据此为读者提供更加精准的推荐和服务。同时，智能数据分析系统还可对图书馆的各种运营数据做深入分析，为图书馆管理人员的决策提供数据支持。系统可以得出各种统计指标和趋势预测，帮助管理人员更好地了解图书馆的运营状况和读者的阅读需求，为决策提供数据支持和参考。

（一）智能统计分析系统的重要意义

在图书馆管理中，智能统计分析系统扮演着重要的角色，为图书馆带来的以下巨大变革。

1. 彻底改变传统借阅模式

传统的借阅模式需要读者在书架间穿梭，寻找自己需要的书籍。而现在，通过智能统计分析系统，读者只需在图书馆的终端输入关键词，系统就会根据数据分析汇总相关书目，推荐给读者。这不仅节省了读者的时间，也使得图书馆的资源利用率更加高效。

2. 为图书馆的运营带来巨大便利

智能统计分析系统可对图书馆的人流量、资料借阅次数、借阅历时周期等数据进行实时监控和分析，为图书馆的运营提供有力的数据支持。通过对大量数据的分析，智能统计分析系统可预测未来的阅读趋势，以便图书馆提前做好准备，丰富馆藏，提高服务质量，为图书馆的未来发展提供了更多的可能性。同时，该系统还能通过预测读者行为，提高图书馆的安全性，及时发现并处理安全隐患。

3. 将图书馆带入数字化、智能化新时代

智能统计分析系统以其强大的功能和卓越的性能，将图书馆带入了数字化、智能化的新时代。这个时代的图书馆不再只是书刊等资料的借阅场所，还是知识的交汇点，读者探索世界、开阔视野的平台。

（二）智能统计分析系统的现时功能

智能数据分析系统对提升图书馆的管理效率、提高读者满意度意义重大，其目前能完成的分析项目主要包括以下几方面。

1. 借阅行为分析

通过收集和分析读者的借阅数据，智能数据分析系统可分析总结某类或某位读者的借阅行为和喜好，帮助图书馆员更好地了解其需求和兴趣，从而优化图书采购和推荐图书。

2. 读者行为分析

通过分析读者的入馆数据、借阅数据、咨询数据等，智能数据

分析系统可归纳出某类或某位读者的阅读习惯、兴趣和需求，从而针对其提供更加精准的服务。

3.图书流通数据分析

通过分析图书的流通数据，智能数据分析系统可整理出"哪些图书最受欢迎""哪些时间段的流通量最高""哪些图书的借阅频率最高"等等，从而帮助图书馆员更好地管理图书，优化图书的排架和流通。

4.读者满意度分析

通过收集和分析读者的满意度调查数据，智能数据分析系统可整理统计出读者对图书馆服务的满意度情况，从而帮助图书馆员有针对性地改进服务质量。

5.趋势预测分析

通过分析历史数据和当前数据，智能数据分析系统可演算预测未来趋势，如未来的借阅量、读者数量、图书品类需求等，从而帮助图书馆管理人员制订更加科学合理的计划，做出更准确可靠的决策。

总之，图书馆利用好智能数据分析系统，能更加高效地了解读者的需求和行为，从而优化自身服务和管理，提高运营效率。

六、智能推荐系统

智能推荐系统，是利用机器学习和人工智能等技术将图书馆资源推荐给读者的一种系统。该系统可利用读者阅读历史、借阅数据、搜索历史等数据的分析结果，针对某类或某位读者的阅读兴趣和需求，为其推荐相关的图书、资料和活动。

这种推荐可能是基于内容的推荐，也可能是协同过滤的推荐。在图书馆中，智能推荐系统正在发挥着越来越重要的作用。以下是一个智能推荐系统在图书馆中的应用实例。

案例：某大型公共图书馆智能推荐系统的工作流程概览

在一所大型公共图书馆中，传统的图书推荐方式主要依赖于图书馆员的经验和判断，以及读者之间的互相推荐。然而，这种方式往往无法满足读者的个性化需求，也无法及时有效地为读者提供最新的、符合其兴趣的图书信息。为了解决这个问题，该图书馆决定引入智能推荐系统。该系统采用了先进的机器学习和大数据分析技术，对读者的借阅历史、搜索历史、阅读习惯等数据进行深入分析，从而为每位读者提供个性化的图书推荐服务。以下简要说明该馆智能推荐系统完成个性化图书推荐的工作流程。

（1）数据收集

图书馆需要收集读者的借阅历史、搜索历史、阅读习惯等数据，这些数据能够反映读者的阅读偏好、阅读习惯以及阅读需求等信息。这些数据可以通过图书馆的内部系统获取，例如通过图书馆的借阅系统、搜索系统等获取。另外，图书馆也可以通过调查问卷等方式获取读者的阅读习惯和需求信息，例如通过在线问卷或者纸质问卷收集读者的反馈和意见。图书馆收集这些数据后，可以进行分析和利用。

首先，图书馆可以通过读者的借阅历史和搜索历史等数据，了解读者的阅读兴趣和需求，从而更好地规划图书馆的藏书结构和资源分配。

其次，图书馆可以通过读者的阅读习惯数据，了解读者的阅读偏好和阅读方式，从而更好地推荐图书和提供阅读服务。此外，图书馆还可以通过这些数据，评估读者的阅读效果和满意度，从而更好地改进服务质量和提升读者体验。

图书馆收集读者的借阅历史、搜索历史、阅读习惯等数据是非常必要的，这些数据不仅可以反映读者的阅读需求和偏好，还可以帮助图书馆更好地规划和管理资源，提供更优质的服务。同时，这些数据也可以为图书馆的未来发展提供有力的支持和保障。

（2）数据清洗和预处理

收集到的数据需要进行清洗和预处理，以去除无效和错误数据。这个过程可以通过一些工具或软件来实现，如使用编程语言中的 pandas 库 ① 或 R 语言中的 tidyverse 包 ② 等。在数据清洗之后，需要进行数据预处理，包括数据的归一化和标准化。归一化是将数据缩放到 0 到 1 之间，以便算法更好地理解和使用数据；标准化则是将数据按照一定的标准差进行缩放，以便不同尺度的数据可以进行

---

① pandas 库是 Python 的一个数据分析包，由韦斯·麦金尼（Wes McKinney）于 2008 年底开发。pandas 一词源于"面板数据"（panel data）与"数据分析"（data analysis）的组合。从宏观层面看，pandas 库主要实现了数据分析的五个重要方面，即加载数据、整理数据、操作数据、构建数据模型和分析数据。

② tidyverse 包是由科学家哈德利·威克姆（Hadley Wickham）开发的用于数据分析的 R 程序包，提供非常优秀的数据清理、整合和可视化的"一站式服务"。

比较和分析。这些处理步骤是必要的，因为它们能够提高算法的准确性和稳定性，使得机器学习模型能够更好地学习和预测数据。

（3）模型训练

利用收集到的数据，智能推荐系统可以进行模型训练。这里采用了协同过滤、内容推荐等算法，以及深度学习技术，对数据进行学习和预测。

（4）推荐服务

在模型训练之后，智能推荐系统能够深度理解读者的个性化特征和兴趣，精准推送最新、最符合其需求的图书信息。这些信息不再只是简单的推荐，而是基于对读者阅读习惯和偏好的深入了解，为他们量身打造的个性化阅读清单。

在图书馆的网站上，读者可以轻松地浏览到经过智能推荐系统筛选的最新图书信息。无论是在经典文学、热门小说领域，还是在自然百科、艺术人文领域，智能推荐系统都能为读者提供精准推荐，帮助读者在海量的图书资源中轻松找到自己感兴趣的内容。

此外，图书馆的应用程序也会定期向读者推送智能推荐系统的最新推荐，方便读者手机上随时随地浏览，并选择自己感兴趣的借阅。同时，应用程序还会提供便捷的借阅和归还功能，让读者在享受阅读乐趣的同时，轻松管理自己的图书借阅记录。

在图书馆现场，智能终端设备也为读者提供了方便快捷的图书信息查询服务。通过与智能推荐系统的连接，读者可以在设备上快速找到自己感兴趣的资料，了解资料的详细信息以及借阅状态。经过模型训练后的智能推荐系统为图书馆的读者提供了更加个性化、便捷的图书信息获取方式。读者可以通过图书馆的网站、应用程序或者现场的智能终端设备，轻松获取最新的、符合自己兴趣的图书信息。

对于图书馆管理员来说，智能推荐系统帮助他们更好地了解读者的需求和兴趣，从而更精准地采购图书，优化图书资源，更好地为读者提供个性化服务，提升图书馆的整体运营效率。

通过推送个性化的图书信息，智能推荐系统将读者与图书馆紧密联系在一起，读者可以随时了解最新的图书信息，参与图书馆的各项活动，也可以通过智能推荐系统对图书馆的服务提出建议和反馈，使图书馆能够及时调整和完善服务。

（5）反馈机制

为了不断提高推荐系统的准确性和效果，图书馆建立了反馈机制，以便读者对推荐图书进行评价和反馈。这些反馈信息将进一步优化推荐算法，提高推荐质量。

引入智能推荐系统后，该图书馆的读者满意度得到了显著提高。

未来，随着技术的不断进步和数据的不断积累，智能推荐系统将在图书馆领域发挥更大的作用。

七、智能导览系统

智能导览系统，是利用定位和导航等技术对读者在图书馆中的活动给予引导的一种系统，可方便读者随时了解自己当前的位置和目标图书或服务点的位置，并在系统的指引下快速抵达目的地，获取图书或服务。智能导览系统不仅能提高读者的查找效率，还能有助于引导读者更好地了解和使用图书馆的资源和服务。

可以想见，在不久后的某一天，阳光透过玻璃窗洒在整洁的图书馆内，为这个充满科技感的文化空间增添了一抹亲切又温柔的色彩。在这里，智能导览系统是每个读者最好的助手。尽管是一种集合了众多高新科技的图书管理工具，但它所展示出的形态和提供的服务并不是高高在上的，而是如同那抹阳光般温柔体贴，令人愉悦。在图书馆的每个角落，读者都可以看到这些高科技设备的身影——有的是小型机器人，灵活地在书架间穿梭；有的则是透明的大屏幕，显示着各种信息。

在它们的帮助下，读者得以合理安排时间，更高效地完成自己的阅读计划。例如，当读者需要查找某本书时，它们会指引读者按最便捷的路线前往该书的所在位置，若该书已被借走，它们会及时反馈给读者，同时为读者推荐与之同类型的其他书目及详细信息，供读者挑选，并针对读者的选择给予后续服务。

八、智能咨询服务系统

智能咨询服务系统，是一种利用自然语言处理和机器学习等技术对读者的问题进行解答的系统。通过接收读者的文字、语音或图像信息，系统可以自动分析问题并给出相应的答案和建议。这种咨询服务可以在任何时间、任何地点为读者提供帮助，减轻了人工咨询的压力，提高了咨询的效率和准确性。图书馆，这个珍藏着珍贵古籍、充满历史气息的地方，如今也成了智能科技应用的舞台。其中，智能咨询服务在图书馆中发挥着越来越重要的作用。

在图书馆中，智能咨询系统通常被设置在服务台或者咨询处。读者可以通过与智能咨询系统进行对话，问询图书信息、借阅情况、归还日期等一系列问题。

当读者需要查找特定资料时，可通过智能咨询系统输入关键词或主题，系统会根据输入的内容提供相关的图书信息，并根据读者的借阅历史、阅读偏好等数据，推荐其可能感兴趣的资料。

除了提供图书信息，智能咨询系统还能帮助读者及时了解图书馆的各种服务和活动，如图书馆的开放时间、借阅流程、阅览室的使用规则等信息，以及新书推荐、读书分享、主题讲座等各类文化活动的预告。

随着科技的不断发展，智能咨询服务在图书馆中的应用将会越来越广泛。相信在不远的将来，它会为读者带来更多的惊喜。

九、智能整理系统

智能整理系统，是一种利用计算机视觉和机器学习等技术对图书进行自动分类和整理的系统。通过识别图书的封面、标题、作者等信息，系统可以将图书自动分类并整理到相应的书架上。这种整理方式大大减轻了人工整理的压力，提高了整理的效率和准确性，也更便于读者查找所需的图书。

在智慧图书馆中，每一个书架都排列得整整齐齐，品类分布合理有序，检索标识清晰准确，便于查找。这是因为图书馆引进了一种全新的智能整理系统，让书籍的排列不再成为让人头痛的问题。

智能整理系统借助先进的人工智能技术，能识别书刊等资料的标题、作者、出版年份等信息，并根据这些信息对资料进行分类。

在借阅书籍时，读者只需要在图书馆的自助终端上输入资料的标题或作者名等关键信息，智能整理系统就会显示其位置和可用数量。读者可以通过终端直接借阅或者归还书籍，不再需要排队等待人工操作。

此外，智能整理系统还可对图书馆的内部环境进行监控，根据温度、湿度等参数自动调节空调、除湿器等设备，确保图书馆内环境始终保持最佳状态。

十、智能标签系统

智能标签系统，是一种利用无线射频识别（Radio Frequency Identification,RFID）技术和机器学习等技术对图书进行自动标签、读取识别、管理的系统。通过在每本书上贴RFID标签，并在图书馆的进出口安装读写器，系统可以自动识别和记录图书的借阅情况、归还情况等信息，方便管理人员在线完成对图书的管理和对读者借阅操作的记录。同时，智能标签系统也可以防止未被授权的读者将图书带出图书馆。

智能标签系统的应用，不仅提升了图书馆的服务效率，更为读者带来了前所未有的阅读体验。在未来的图书馆中，可以预见到更多创新的应用场景。例如，通过与智能家居系统的结合，远程操控图书馆的开关门、查询图书信息等；通过与社交网络的连接，让读者在线了解其他读者的阅读喜好和评价，增加阅读的社交性；通过与大数据技术的结合，对读者的阅读行为进行分析，更精准地为读者推荐阅读书目，进一步提升一对一服务的质量。

十一、智能环境控制系统

智能环境控制系统，是一种利用物联网和传感器等技术对图书馆的室内环境进行自动调节的系统。通过安装温度、湿度、光照、空气质量等传感器，智能环境控制系统可实时监测室内环境并自动调节，为读者提供更加健康舒适、自在安全的阅读环境，不仅提高读者的阅读体验，也有利于图书的保存和养护。

案例：顶尖科技与人文情怀的完美结合
——苏州图书馆阅读空间掠影

在科技浪潮的推动下，苏州图书馆不仅在借阅方式上进行了创新，还在阅读空间打造上进行了深入的探索。通过智能化、人性化的设计，为读者提供了一个充满科技感和人文关怀的阅读环境。

走进苏州图书馆的阅读空间，墙壁上精心布置了各种艺术画作，为整个空间增添了一份艺术气息；而摆放整齐的书架和舒适的阅读桌椅，则让人感受到图书馆对读者体贴入微的关照。

最让读者觉得贴心的是那些智能化设备：智能化照明系统能及时根据实时环境亮度和人体最佳阅读光线要求，自动调节照明亮度；智能化空气净化系统能够实时监测馆内空气质量，确保阅读空间内的空气始终清新宜人……这些智能化设备的运用，体现了苏州图书馆对环保和健康的重视，也让每位到馆的读者身心愉悦地享受阅读。

在人性化设计方面，苏州图书馆也下足了功夫。每个阅读桌都配备了充电插座和网络接口，方便读者使用电子设备查找资料或线上办公。精心设计的残障人士专用阅读区，体现了苏州图书馆对残障人士的关爱和支持。此外，图书馆还提供了免费的咖啡和小点心，让读者在阅读之余能够享受到一份温馨和舒适。

苏州图书馆中智能化、人性化的设计，将科技与人文完美地结合在一起。在这里，读者既能享受高效、便捷的服务，还能感受到满满的人文关怀。这样的阅读空间无疑会成为读书人的挚爱乐园。

十二、智能安全监控系统

智能安全监控系统，是一种利用视频监控和人脸识别等技术保障图书馆的安全的系统。通过在图书馆的各个角落安装高清摄像头和人脸识别设备，智能安全监控系统可以实时监控进出图书馆的人员，及时发现异常情况并采取相应的安全措施，不仅保障图书馆各项工作的安全运作，也能保障读者在馆期间的用户权益和人身安全不被侵犯。

图书馆作为公共场所，其安全问题备受关注。智能安全监控系统在图书馆中的应用，为图书馆的安全防范提供了有力的支持。智能安全监控系统在图书馆中的应用主要体现在以下几个方面。

1. 摄像头全方位监控及记录取证

监控摄像头是智能安全监控系统的重要组成部分。在图书馆内，监控摄像头可以安装在各个角落（卫生间等涉及个人隐私的位置除外），实时监控馆内情况，及时发现异常情况，如读者之间的冲突、读者或图书馆员违反图书馆规定的行为等，并作为事后取证的重要依据。

2. 人脸识别验证身份

是智能安全监控系统可以通过人脸识别技术对进出图书馆的人员进行身份验证。对于非授权人员，系统会自动报警并抓拍照片，方便管理人员进行后续处理。这样可以有效地防止偷窃、破坏等行为的发生。

3. 传感器监控环境

智能安全监控系统可通过传感器实时检测图书馆内的环境变化，如温度、湿度、烟雾等。一旦出现异常情况时，智能安全监控系统可立即报警，并启动相应的应急措施，保障图书馆内的环境安全。

4. 监控数据联网汇总

智能安全监控系统可通过网络将各个监控点的数据传输到管理中心，实现集中管理和调度。管理人员可通过大屏幕实时查看各个监控点的画面，及时发现异常情况，及时做出反应和调度。

智能安全监控系统在图书馆中的应用为图书馆的安全防范提供了全方位的支持。通过实时监控、人脸识别、环境检测等功能，可以有效地保障图书馆内的安全环境。同时，通过网络集中管理和调度，可以实现资源的优化配置和高效应对各种突发情况。

十三、智能座位预约系统

智能座位预约系统，是一种利用互联网技术和数据库管理等技术对图书馆的座位进行预约和管理的系统。通过在图书馆内安装座位预约终端或提供线上预约服务，方便提前预约座位并按照预约的时间段使用座位。这种座位预约方式不仅能提高座位的利用率，也能有效避免读者因找不到空座位而浪费时间。在智慧图书馆，座位管理系统可实现自动化的座位管理。读者可以通过手机应用程序预约座位，避免长时间排队等待。同时，座位管理系统还可以根据某类或某位读者的使用记录，为其提供个性化的服务。

十四、智能辅导系统

智慧图书馆的智能辅导系统可根据读者的学习进度和需求，有针对性地提供学习建议和资源。读者可以在系统上选择自己感兴趣的主题或课程。系统还会根据读者的学习风格和成绩，提供相关的学习资料和习题，帮助读者巩固知识并提高学习效果。

智慧图书馆的智能辅导系统还能根据读者的学习历史和背景，预测其未来的学习需求，为其推荐相关的学习资料。读者可以在系统上参加虚拟教师指导的学习课程，与教师和其他学生互动和交流，提高学习效果。这种智能化的学习方式已经成为现代图书馆的重要发展方向之一。

第四节　数字资源与信息服务的发展

一、智慧图书馆数字资源的发展现状

（一）数字资源日益多样化

智慧图书馆的数字资源涵盖了各种类型，包括电子书、期刊论文、各类数据库、多媒体资源等。这些资源不仅数量庞大，而且内容丰富，满足了读者对于多元化阅读的需求。

智慧图书馆的数字资源建设不仅在数量上有所突破，更在质量上得到了保障。为了确保资源的准确性、可靠性和时效性，智慧图书馆采取了多种措施。首先，对于电子书籍和期刊论文等资源，智慧图书馆制定了严格的筛选机制，只收录优质、经典的著作。其次，对于数据库和多媒体资源等类型，智慧图书馆注重其来源和质量，确保权威可靠。

除了资源的建设，智慧图书馆还致力于为读者提供更加便捷高效的阅读体验。读者可通过图书馆的官方网站、移动应用程序或自助借阅设备，随时随地访问所需的数字资源。此外，智慧图书馆还提供多种检索方式和个性化推荐服务，帮助读者快速找到感兴趣的资源，满足不同读者的阅读需求。

当前，智慧图书馆的数字资源建设面临许多新的机遇和挑战。

首先，数字资源的数量庞大，读者想要利用好这些资源，需要掌握更多的信息素养和检索技巧。因此，智慧图书馆要考虑如何培养读者的信息素养，提高他们的信息获取和利用能力。

其次，数字资源的建设需要更多的技术和资金支持。比如，为了保障数字资源的可靠、安全和稳定，加强技术研发和系统维护，确保读者顺利访问、下载；又如，为了满足不同读者的阅读需求，智慧图书馆需要不断更新和扩展数字资源的种类和范围；等等。这些都需要相应的资金和技术投入。

最后，智慧图书馆需要加强对数字资源的版权保护和管理。由于数字资源的复制和传播非常方便，智慧图书馆需要采取有力措施防止盗版和侵权行为，保护版权所有者的合法权益。同时，智慧图书馆还需要加强对数字资源的规范管理和质量控制，确保读者能够获取准确可靠的学术资源。

通过数字技术，智慧图书馆将许多珍贵的文献资源进行了数字化处理和保存。这些珍贵的文献资源包括历史文献、古籍、手稿、照片等，涉及人类文明的各个方面。通过智慧图书馆的平台，读者可以随时随地访问这些数字化的文献资源，深入了解人类文明的发展历程和多样性。

目前，智慧图书馆的数字资源建设不仅为读者提供了丰富的阅读选择，也为学术界和知识传播做出了重要贡献。通过智慧图书馆的数字资源，读者可以轻松获取到学术前沿的研究成果、经典著作以及各种实用信息，科研人员和教育工作者有了更为可靠的学术资源助力科研和教学工作。

（二）数字资源共享范围日益扩大，共享模式不断创新

通过互联网技术，智慧图书馆已实现了全球范围内的数字资源共享。读者可以随时随地获取来自世界各地的文献资源。

通过与各大图书馆、学术机构等合作，智慧图书馆整合了大量的数字资源，包括电子书、电子期刊等，涵盖了各个领域。读者可以根据自己的需求，在智慧图书馆的平台上搜索，浏览，并下载所需的资料，还可根据自己的阅读习惯和需求进行个性化定制，如调整字体大小、设置背景色等。

通过利用人工智能技术，智慧图书馆能对读者的阅读行为进行分析，帮助读者更好地了解自己的阅读兴趣和需求。

智慧图书馆还提供多种阅读模式和工具，如语音阅读、翻译阅读等，方便读者进行跨语言阅读和交流。

在智慧图书馆的平台上，读者可以与来自世界各地的读者互动，分享自己的见解和经验。这种跨地域的交流，拓宽了读者的视野，促进了不同文化之间的理解和融合。

研究人员可以通过智慧图书馆的平台，获取在全球范围内查找学术资源，包括最新的研究成果、研究报告等，了解最新的学术动态。

（三）数字资源管理日益智能化

借助智能化管理系统，智慧图书馆已实现数字资源的自动化分类、检索、借阅等功能。人脸识别技术让读者可以刷脸进入，提高了入馆的便捷性和安全性。图书馆应用程序与个人智能移动设备互

联，实现了远程查询和借阅。

智慧图书馆引入智能化的照明系统、空调系统等设备，可根据读者的需求和环境变化自动调节，确保阅读环境舒适，节能。

通过智能化管理系统，图书馆管理人员可实时监测图书馆内的各项数据，包括图书借阅情况、读者信息、图书馆设备运行状态等，及时发现和解决问题，提高图书馆的管理效率和服务质量。

通过智能化管理系统，读者可随时反馈对图书馆服务和资源的意见和建议，图书馆管理人员可以及时了解读者的需求和反馈，进而改进和优化。这种互动和沟通有助于提高读者的满意度和忠诚度，也有助于提升图书馆的社会形象和影响力。

案例：江西省图书馆的智能化管理

江西省图书馆在探索智慧图书馆建设的进程中，以新馆建设为契机，以满足读者需求为导向，充分利用现代信息技术，推出了一系列数字创新服务。其中包括图书馆大数据平台、"无感借还"智慧流通服务、图书馆服务数据智慧墙、智能书架服务、基于 5G 的图书馆空间网络服务等公共文化数字化创新服务。

在这些创新服务中，"无感借还"智慧流通服务的成效最为突出。该服务紧密结合红外光幕、人脸识别、RFID 等技术，成功打造了"入馆即还书，出馆即借书"的智慧场景，能让读者在 3 秒内完成图书的借阅。

智能书架服务是江西省图书馆推出的另一项创新服务。利用 RFID、天线阵列等物联网技术，自动完成上架图书的监控、检索、定位、盘点、数据统计等功能，推动了读者查询图书模式的创新，提高了读者获取图书资源的精准性和便利性，改变了传统图书馆的排架方式。

江西省图书馆还在其他方面进行了积极的探索。例如：引入智能安全监控系统，通过人脸识别技术，对进出图书馆的人员进行监控，确保图书馆的安全；利用大数据和人工智能技术，分析读者的借阅行为，精准地满足读者的阅读需求。

江西省图书馆还引入了智能化的自助服务系统。读者可以通过自助服务终端查询图书信息，进行图书预约、借阅和续借等操作，无须排队等待人工服务，大大节省了读者的时间。

在空间布局方面，江西省图书馆充分利用5G网络和物联网技术，对图书馆的空间进行了智能化的改造，将图书馆划分为多个功能区域，并根据读者的需求和习惯，对各个区域进行合理布局。同时，还引入了智能化的环境控制系统，根据读者的需求和环境变化，自动调节各个区域的光照、温度和湿度等参数，随时为读者提供舒适、便捷的阅读环境。

通过以上智能化服务的引入和实践，江西省图书馆不仅提高了服务效率和质量，也更好地满足了读者的需求。这些创新服务模式和智能化技术的应用，为图书馆的未来发展提供了新的思路和方向。

综上所述，目前，在智能化管理系统的支持下，图书馆的运营成本大幅下降；自动化和智能化的设备既避免了人力资源的浪费，也降低了能源消耗和维护成本；图书馆实现了精细化的资源管理和调配，有效解决了资源利用不足和重复采购问题，提高了图书馆的经济效益和社会效益。

二、智慧图书馆信息服务的发展现状

目前，图书馆已普遍实现的智慧化服务大致包括以下内容。

（一）个性化服务

通过分析读者的阅读习惯和需求，定期推送与读者兴趣相关的文献和资讯，让读者在海量的图书资源中快速找到自己感兴趣的内容，也支持读者定制。

提供了多种阅读形式和渠道，满足读者在不同场景下的阅读需求。比如，读者可通过图书馆的网站、智能移动终端上的应用程序或微信公众号等进入资源库，按需检索，在线阅读，下载阅读，随时随地获取最新的学术研究成果、行业动态和趋势分析等信息。

根据读者的阅读历史、偏好和行为模式等信息，预测读者未来的阅读需求和兴趣，提前做好文献资源的采购和储备，确保读者能及时获取所需的信息和资源。

确保每一位图书馆员都经过专业培训，具备扎实的学科知识和良好的信息服务能力，能为读者提供专业的阅读指导，帮助读者更好地理解和应用所推荐的阅读资源。

提供线上互动交流平台，方便读者深入探讨阅读中的问题和想法。

通过图书馆的开通在线咨询系统，鼓励读者向图书馆问询或提出意见和建议，对问询及时回复，对意见和建议及时回应或反馈。

（二）移动信息服务

读者可通过手机、平板等智能移动设备，随时随地访问图书馆的数字资源，获得个性化的阅读推荐服务。

读者可通过智能移动设备，及时了解图书馆的最新动态和活动信息，如新书到货、讲座、展览等。

读者可通过智能移动设备在线咨询，随时随地与图书馆员沟通交流，获取更多关于图书和文献的信息。

读者可通移动设备在线阅读或下载阅读电子书，不受时间和地点的限制。

（三）智能问答服务

智慧图书馆大多已配置了智能问答系统。该系统可实现以下服务和功能。

读者可通过文字、语音等方式提问，智能问答系统会自动匹配最佳答案，并提供相关的建议和拓展知识。并提供相关建议。

智能问答系统可根据读者的提问进行数据分析和挖掘，为图书馆的资源建设、服务改进等提供有价值的参考。

智能问答系统可为读者提供智能化的阅读建议。根据读者的阅读历史记录，为读者推荐相关书刊和文章，并提供个性化的阅读建议。

目前，智能问答系统在图书馆中的应用案例很多，以下介绍几个较有代表性的。

案例一："清小图"智能问答系统

"清小图"智能问答系统，由清华大学图书馆与西安晓多智能科技有限公司共同研发。该系统拥有强大的自动应答功能，能够准确、迅速地回答关于图书借还、电子资源、座位预约、馆藏目录、馆内服务等方面的常见问题。

"清小图"智能问答系统具备专业的知识库和自然语言处理技术，能通过聊天交互的形式实现馆藏资源的快速查询。无论是基于学习、科研场景，还是基于日常生活场景，这款智能问答系统均能提供全天候、不间断的帮助，让读者随时随地享受图书馆的优质服务。

"清小图"智能问答系统具备高度的智能化和自主性，能根据读者的提问方式和问题类型，自动调整回答的策略和内容，确保回复的准确性和实用性。

"清小图"智能问答系统支持多语言回答，能为不同国家和地区的读者提供服务。

案例二："图宝在线"智能问答系统

"图宝在线"智能问答系统是图宝科技团队历经多年研发的成果。该系统将大量的无序语料信息进行整理，使其形成有序化、科学化的知识库，并建立基于知识的分类模型，指导新增加的语料咨询和服务信息。这一创新性的技术手段可以极大地提升信息处理的自动化程度，减少人工干预，降低网站运行成本。

"图宝在线"智能问答系统的知识库，以网站多年积累的关于学校图书馆基本情况、常见咨询及回复为素材，用问答的形式呈现。其知识覆盖面广，问题解答全面且准确度高，能对各种形式的提问给予应答。这无疑会对学校图书馆的服务水平、办事效率，乃至所属学校整体形象的提升，产生积极影响。

"图宝在线"智能问答系统具备强大的数据分析和挖掘能力，能通过对用户提问和回答数据的分析，实时了解用户的需求，进行有针对性的优化和改进。

"图宝在线"智能问答系统具备自主学习和自我完善的能力，可通过深度学习和分析用户提问题，不断优化应答的准确性，确保所提供的信息最新，最准。

案例三：浙江大学图书馆的"智慧问答机器人"

浙江大学图书馆研发的"智慧问答机器人"，可回答关于图书馆的基本信息、借阅规则、资源使用、服务内容等方面的问题，还可提供实时的图书排行榜和借阅排行榜，方便读者了解最新的图书借阅情况。

浙江大学图书馆的"智慧问答机器人"除了能回答与图书馆有关的问题，还能提供实时的学术资讯，帮助读者及时掌握前沿信息。

浙江大学图书馆的"智慧问答机器人"支持文字输入和语音输入，使用便捷，回应迅速。

该"智慧问答机器人"还能为读者提供实用的建议。比如，它会根据读者的借阅历史和图书排行榜，推荐读者可能感兴趣的图书。这些建议有助于读者更好地了解自己的阅读兴趣，提高阅读效率。

该"智慧问答机器人"的功能不会限于上述那些，因为它还在不断进化。

首先，它会学习更多的专业知识，包括学科知识、图书分类等，可供它分析的读者借阅历史、搜索记录等数据会持续增加，它的算法会持续优化。

其次，它会不停地增加实时学术动态信息，包括最新的科研成果、学术会议信息等，以便读者能够及时获取最新的学术资讯。

最后，浙江大学图书馆技术团队，会不断升级大数据技术，如优化借阅行为数据的收集统计和分析估算方式，使关于借阅规则和借阅趋势的结论更加准确。

案例四：上海交通大学图书馆的"小交"

上海交通大学图书馆开发的"小交"问答系统，可通过文本交互的方式，回答读者关于图书馆资源、服务、活动等方面的问题，不受时间、地点限制。

通过自然语言处理技术，该系统能自动分析读者的提问，并给出准确回答。

该系统可根据读者的借阅历史、搜索记录等数据，为读者推荐更加合适的图书资料，以及提供相关的学术资料和研究成果。

该系统能为读者提供在线预约、图书借阅、归还等服务。

该系统可与图书馆其他系统进行集成。比如，与图书馆的自动化系统进行集成，自动获取读者的借阅信息、逾期罚款等信息，自动更新读者的借阅状态；又如，与图书馆的联机公共检索目录（Online Public Access Catalogue，以下简称"OPAC"）进行集成，为读者提供更加便捷的图书检索、借阅服务。

该系统可根据读者的反馈和评价，不断改进和优化服务。

案例五：中国科学院文献情报中心的"科小助"

中国科学院文献情报中心开发的"科小助"科技文献检索系统，主要面向科研人员，核心功能在于它能够根据用户提供的信息，快速准确地找到与之相关的文献，并对其进行深入的分析与挖掘。

"科小助"可回答关于文献检索、学科领域、研究热点等方面的问题，同时还可以为读者提供定题服务、科研评估等服务。

对于科研人员来说，"科小助"无疑是一款不可或缺的工具。在研究过程中遇到关于文献检索、学科领域、研究热点等方面的问题时，只需向"科小助"提问，就得得到详细解答。无论是学科领域的划分，还是研究热点的分析，甚至是对某篇特定文献的深入解读，"科小助"都能做到全面而准确。

"科小助"在数据保密方面的功能强大。它采用先进的数据加密技术，保证了用户数据的安全性；设置了严格的权限管理制度，只有经过授权的用户才能访问和使用相关的数据。

"科小助"能根据用户的习惯和偏好，提供个性化的服务。比如，它会记录用户搜索最多的关键词和浏览最多的文献，根据这些数据为用户推荐可能感兴趣的文献和领域。

"科小助"具备为用户提供定题服务、科研评估等服务的功能。科研人员只需将研究需求或研究方向输入系统，系统便会根据大数据分析，为科研人员推荐与之相关的研究热点和前沿领域，帮助他们制订更为精准的研究计划。

"科小助"能对科研人员的科研成果进行评估，提供详尽的数据分析和趋势预测，帮助科研人员更好地了解自己的研究方向和实时进展，从而优化研究策略，提高研究效率。

"科小助"具备强大的学习功能。用户的每次提问或搜索，它都会自动学习其的语言模式和搜索习惯，进而优化自己的算法，更好地满足用户的需求。这种持续的学习能力会使"科小助"随着时间的推移，越来越符合科研人员的需求。

"科小助"的出现，无疑为科研人员提供了一个全面、便捷的科研支持平台，大大提高了科研人员的工作效率。未来，"科小助"将继续升级和完善其功能和服务，为科研人员提供更加全面、智能的支持。无论是在文献检索、学科分析，还是在研究热点推荐、科研评估等方面，"科小助"都将持续引领科技潮流，帮助科研人员更好地探索未知领域，推动人类科技进步。

三、图书馆馆员结构变革

传统图书馆馆员的岗位职责主要以图书馆业务流程分配为中心，业务范围包括馆藏、采编、借阅、流通、咨询以及简单技术支持等。随着业务发展，编目外包，各馆编目人员的配比逐步降低，智慧型图书馆大量引入先进技术，包括移动互联、无线射频以及数据挖掘等，使的图书馆的服务进入全新的阶段。

智慧图书馆的基础服务中，自助服务成分增加，专业化、个性化服务的需求增强。服务内容由简单的文献资源服务转变为知识服务，服务形式发展为在时间和空间上深度嵌入用户环境。服务内容和形式上的转变，对图书馆馆员岗位变革产生了巨大影响。

（一）智慧图书馆环境下图书馆员岗位配置变革

1.资源建设岗位配置变革

（1）自助服务的投入

厦门集美大学图书馆是中国第一家拥有 RFID 馆藏管理系统的图书馆。之后，深圳图书馆新馆将 RFID 标签和阅读器应用到图书馆的文献采访、分类编目，以及图书的流通、收藏和读者证卡等各个环节，彻底取代了传统的条码、磁条等设备。RFID 技术实现了图书借还、盘点、查找、定位、顺架、分拣等一系列基础性工作的无人化、智能化。自助设备的投入减少了原有工作量，也对使用者提出了新的能力要求。

（2）数字资源建设加强

随着数字资源建设加强，国内外图书馆开始设置与之相对应的数字资源建设、数字资源长期保存、数据馆员等岗位。

（3）数字资源建设职责分散

随着知识服务的发展、嵌入式学科馆员的出现，数字资源建设不再局限于资源建设部门，嵌入用户环境且及时掌握和反馈用户需求的服务部门，也开始承担部分资源建设的责任。

2.流通借阅岗位配置变革

智慧图书馆使用 RFID 技术完成图书馆采编、借阅、分拣以及盘点工作，基本实现了图书馆用户自助借阅。这一转变缩减了流通借阅低技术含量的人员配置，可由非在编人员完成，节省了人力成本，给相对高技术含量的岗位留出了空间。

3. 参考咨询岗位配置变革

从学科服务开始萌芽的那一刻起，参考咨询注定要进行一场伟大的革命。学科馆员由最初的以学科资源建设、参考咨询、读者培训以及院系联络为主，发展为现在的嵌入式学科馆员，融入环境，嵌入读者使用过程。

目前，学科服务已经完成了一次服务流程的整合，形成了一种动态的、面向用户的交叉团组体系，将原本分散的业务流程集成，以读者的动态需求为导向，提供基于分布式多样化的动态资源以及基于集成和自主创新的服务。准确地讲，学科服务不只是对参考咨询的变革，也是对图书馆原有组织架构的一次重组，即以任务为导向，集成各业务流程，嵌入读者环境提供服务。因此，发展后的学科馆员任务重，能力要求高，是各馆提供知识服务、智慧化服务的关键节点。

4. 技术支持岗位配置变革

例如，基于 E-science[①] 展开的科研数据管理，以及数据环境下图书馆面临的数据处理问题，设置专门的数据馆员岗位成为必然。通过分析数据，数据馆员专门负责集合存储需求，制订科研过程的数据管理计划，收集与传播数据等。

---

① E-science 是由英国于 2000 年提出，针对当时各学科研究领域所面临问题的空前复杂化，利用新一代网络技术（Internet）和广域分布式高性能计算环境（Grid）建立的一种全新科学研究模式，即在信息化基础设施支持下的科学研究活动。

（二）智慧图书馆环境下的馆员结构

智慧图书馆需要迅速适应用户不断变化的需求，革新理念与服务。馆员结构也必须为适应这些发展做出相应调整。增设某些岗位或者扩大原有岗位的职责范围，是近年来图书馆内部结构变化的显著特点。

传统图书馆的知识服务团队，通常由专题处理人员、学科馆员、信息咨询人员、技术人员、管理人员，以及外聘专家组成。智慧图书馆的智慧服务团队也应囊括图书馆业务的各方面。首先，根据岗位的专业程度，馆员可划分为专业馆员和辅助馆员；接着，再按照各岗位的具体业务范畴横向划分，分出学科服务馆员、资源建设馆员、技术支撑馆员、图书管理馆员四大类；最后，按照岗位内容专业程度纵向划分，分出辅助型、技能型、特色专业型、专家级、领军型五个层次。

1. 辅助馆员

辅助岗主要分布于读者服务部门，对基础服务等辅助业务开展进行管理、培训和监督。其他临时性、辅助性和可替代性的辅助型馆员（可采用编制外的形式聘用或招募学生管理员的形式补充），从事书刊上架、整理、流程操作等业务，需要时辅助某些项目的实施。

2. 专业馆员

专业馆员主要包含：学科馆员、学科情报分析人员、信息素养和教学支持馆员、外文书刊编目馆员、电子资源建设馆员、技术应用及系统研发馆员、数字化业务管理馆员、智能技术研发人员、阅读推广和文化活动策划馆员、科技查新馆员、知识产权服务馆员、特色馆藏组织和服务馆员等。

智慧图书馆要及时发现用户需求，紧跟技术发展，调整服务形式，进而提供便捷全面的智慧服务，而专业馆员智慧图书馆实现智慧服务的中坚力量。智慧图书馆应致力于专业馆员的发展。

第四章

智慧图书馆发展趋势和面临的挑战

　　智慧图书馆的发展趋势可总结为：数字化与智能化融合、借阅模式个性化与定制化、空间设计与环境优化、跨界合作与创新服务、管理与运营智能化、移动化与远程化服务、数据驱动与智能化决策、社交化与共享化阅读、安全性与隐私保护以及持续创新与迭代升级。基于发展趋势和发展现状，智慧图书馆在技术、管理、资源方面，面临以下挑战。

第一节　智慧图书馆的发展趋势

　　智慧图书馆的发展趋势可以从以下几个方面进行探讨。

1. 数字化与智能化融合

　　随着科技的飞速发展，智慧图书馆将成为未来图书馆建设的重要方向。智慧图书馆将实现数字化与智能化的深度融合，使读者能够更加便捷、高效地获取所需信息。

　　传统图书馆主要以纸质资源为主，随着数字化时代的到来，电子书、电子杂志、电子报纸、数据库等数字资源等已成为读者主要的信息来源。智慧图书馆将通过引入先进的数字化技术，为读者提供更加便捷、高效的资源获取方式。

例如，通过引入自动化管理系统，让读者可通过自助借阅终端或在线平台进行借阅操作，无须人工干预；通过建立数字化资源库，让读者可通过搜索关键词或主题词快速找到所需信息。另外，图书的自动分类、编目、借阅等事务性基本操作的自动化、智能化，不仅会给读者带去越来越便捷的优质服务，也会让图书馆的管理、运营越来越科学，高效。例如，更好地丰富和利用馆藏资源，更好地建设有利于图书馆发展的专业队伍，更好地服务于读者和社会，等等。

2. 借阅模式个性化与定制化

除了进一步优化满足读者需求的被动型资源推荐和便捷获取等的个性化服务，还将继续完善基于对读者潜在需求的主动型定制化服务，如根据读者需求和实际情况，帮读者定制达成学习目标的计划，提供适合的学习资源，如纸质和电子教材、线上课程、一对一辅导、模拟考试等等。

3. 空间设计与环境优化

智慧图书馆将更加注重空间设计与环境优化，通过引入智能化设备和应用，进一步优化空间布局，减少能源的消耗，提高空气质量，为读者提供更加便捷高效的阅读空间、更加健康环保的阅读环境。例如，通过智能空调系统、智能窗帘等设备，实现室内空气的循环和利用，提高空气质量；设置环保回收箱，鼓励读者使用环保材料等，不断强化绿色环保理念。

4. 跨界合作与创新服务

智慧图书馆将进一步拓展和加深与其他机构、企业等的合作，更好地创新服务形式和内容。比如，与科技企业合作，及时引入最新技术或完成现有技术的升级；与文化机构、艺术团体等合作，开展更加丰富多彩的文化交流、文化推广、文化互动等活动；发展新的合作伙伴，创新与现有合作伙伴的合作模式；等等。由此，为读者提供更好的阅读体验、学习体验、文化熏陶等，让读者获得更好的阅读和学习效果，更加全面、高品质的文化享受。

5. 管理与运营智能化

智慧图书馆将持续推动管理与运营的智能化，不断升级图书馆的自动化管理。例如，通过智能管理系统不断优化资料自动分类、排架、借阅等操作的效率，不断优化设备的自动监控和维护的能力，不断优化管理成本和人力资源的合理配置，不断升级智能安保系统效力，等等。

6. 移动化与远程化服务

随着移动互联网技术的不断发展，智慧图书馆的移动服务与远程服务也将不断升级。读者可以通过更多终端设备访问图书馆的资源，享受图书馆提供的远程服务。例如，读者可以通过家中的智能终端或其他新兴的公共智能终端，查询、预约、下载资源，管理个人会员信息；通过家中的智能机器人与图书馆的智能机器人联网，由机器人按读者的指令，代替或辅助读者获取所需资源或服务。

7. 数据驱动与智能化决策

智慧图书馆将持续完善和优化相应操作系统，更高效、准确地收集和分析读者的借阅数据、阅读偏好、行为轨迹等信息，为图书馆的资源采购、空间规划、服务优化等方面提供数据支持和智能化决策建议。例如，根据读者的借阅数据和阅读偏好，为读者推荐合适的资源和服务；根据读者的行为轨迹和阅读习惯，优化图书馆的空间布局和服务设置；及时完善内部管理制度和审计机制，更好地确保数据安全合法、实用有效；等等。通过持续加强数据驱动与智能化决策，智慧图书馆将进一步加强与读者的互动交流，不断强化在数据安全和隐私保护等方面的能力，更大程度地用好资源，做好服务。

8. 社交化与共享化阅读

通过引入随着社交媒体和共享经济的不断发展，智慧图书馆将更加注重社交化与共享化阅读。例如，提供更便捷的方式、更具吸引力的界面、更实用的内容、更有趣的互动等，让读者更乐于在图书馆的社交媒体平台分享阅读感悟、个人书评、好书推荐，更乐于关注图书馆发布的各种消息、信息，更乐于参与图书馆举办的各种线下、线下活动，等等。随着社交化和共享化阅读的不断发展，在这个平台上，他们可以分享自己对于阅读的热爱和收获，分享自己对于图书的评价和推荐理由。这些分享可以包括书中的情节、作者的风格、图书的主题和意义等方面。通过这种方式，读者可以更充分地与他人分享自己的思想和感受，也可以更多地从他人的分享中获得新的阅读灵感和其他好书推荐，还可以从图书馆方面获得更好的个性化服务。

9. 安全性与隐私保护

为了实现更多更好的智能化服务，智慧图书馆将更加注重安全性与隐私保护。随着大数据技术的不断深入应用和数据分享的日益扩大，图书馆必然会更多地收集和分析读者的个人简介和阅读数据等私密信息，必须不断完善安全保障机制和隐私保护政策，确保读者的信息和数据不被泄露和滥用。例如，通过更先进的加密技术保护读者的私人信息，不惧外来攻击；通过不断优化的隐私保护政策和数据使用规定，加强内部管控，避免外泄。

为了实现这一目标，图书馆可采取的具体措施很多，比如，使用高级的加密技术保护读者的敏感信息，确保这些信息在更加严密、安全的环境中传输和存储；制定严格的隐私保护政策和数据使用规定，在制度层面上和内部流通操作中，确保读者个人隐私数据的传输、存储过程没有内部漏洞，明确员工职责和权限，杜绝信息的误用或泄露；加强与读者的沟通，让读者了解其个人隐私信息将如何被使用和保护，增加读者的信任感，建立良好的读者关系；开展主题宣传活动，提供相关安全培训，提高读者的信息安全意识和自我保护能力，共同维护信息安全和隐私权。

10. 持续创新与迭代升级

智慧图书馆将不断探索新的技术和业务模式，持续创新与迭代升级。随着科技的不断发展和读者需求的变化，智慧图书馆需要不断引入新的技术和设备，优化服务和管理模式，以满足读者的需求和提高竞争力。例如，智慧图书馆可以通过引入人工智能技术、物联网技术等新兴技术，为读者提供更加智能化、高效化的服务；通过不断优化业务流程和管理模式，提高服务质量和效率。

智慧图书馆还可以通过引入大数据技术，对读者的借阅行为、阅读偏好、搜索历史等数据进行深入分析，以提供更加精准的个性化推荐服务。此外，智慧图书馆还可以通过智能化的设备，如自助借还书机、智能书架、智能座位系统等，为读者提供更加便捷的借阅体验。

在优化业务流程和管理模式方面，智慧图书馆可以通过引入现代化的信息技术和手段，如云计算、物联网、大数据等，实现业务和管理模式的数字化、网络化和智能化。这不仅可以提高服务质量和效率，还可以降低图书馆的运行成本，提高图书馆的资源利用率。

同时，智慧图书馆还可以通过开展数字化服务、移动服务、远程服务等新兴服务方式，满足读者的多元化需求。这些服务方式不仅可以为读者提供更便捷的获取信息的方式，还可以拓展图书馆的服务范围，提高图书馆的社会影响力。

第二节　智慧图书馆发展面临的挑战

一、技术挑战

（一）信息技术的发展和应用

智慧图书馆是一种采用信息技术手段，将传统图书馆进行数字化、网络化改造，并结合现代化的管理和服务模式，为读者提供高效、便捷、个性化的阅读服务和知识管理的图书馆。智慧图书馆在信息技术的发展和应用上要应对以下挑战。

1. 数字化技术升级

智慧图书馆的构建离不开数字化技术的支持，不仅要完成图书资源的数字化转换，还要将这些资源安全存储，高效利用，为读者提供更为丰富多样的数字化资讯服务，并使这些服务不断实现自动化、智能化升级。

2. 网络技术升级

智慧图书馆的网络技术包括互联网技术、局域网技术、无线网技术等等。这些技术是实现图书资源共享和信息交换的关键。

互联网技术要让不同地区的图书馆以更丰富的方式相互连接，更大化地资源共享，进一步丰富读者的阅读资源。

局域网技术要让图书馆内部各个部门之间更好地共享和交流信息，进一步提高工作效率。

无线网技术要为读者提供更加便捷的阅读服务。

3. 智能化技术升级

智慧图书馆的智能化技术包括人工智能技术、物联网技术、大数据技术、云计算技术、边缘计算技术、数字孪生技术等。这些智能技术的升级，是实现图书馆的自动化管理和智能化升级的保障。

4. 自助服务技术升级

目前，智慧图书馆的自助服务技术已实现自助借还书、自助查询、自助缴费等功能。未来，如何优化和升级自助服务技术，进而优化现有功能，拓展更多功能，是一大挑战。

5. 个性化推荐服务升级

智慧图书馆的推荐服务是一项非常有价值的技术应用，它能够通过深度分析和挖掘读者的行为，为读者提供更加个性化、精准的阅读推荐和其他服务。这种服务方式不仅可以提高读者的阅读体验，还可以帮助图书馆更好地管理图书资源，提高图书的利用率。该服务的升级基于大数据技术和人工智能技术的发展。

（二）物联网和人工智能技术的融合

物联网与人工智能技术的融合推动社会向更智能、更高效、更自动化的方向发展。这种融合不仅能改进现有的产品和服务，还能开创全新的商业模式和应用领域。特联网与人工智能融合的发展，体现在以下方面的持续升级。

1. 智能化解决方案升级

利用人工智能对物联网设备收集的大量数据进一步深度分析，从而为各种应用提供更多更好的智能化解决方案。例如，在智能家居领域，将家里的更多设备连接到互联网，并通过人工智能技术来学习人类的生活习惯，自动调整设备的设置，提供更舒适的生活环境。

2. 设备预测性维护和自动化升级

在工业制造领域，通过物联网与人工智能的进一步融合，更好地实现设备的预测性维护和自动化升级。物联网技术能实时监控设备的运行状态，并通过人工智能技术来分析这些数据，预测设备何时需要维护或更换。这不仅可以减少停机时间，提高生产效率，还可以降低设备损坏导致的成本。

3. 公共安全应用升级

在城市管理领域，通过物联网与人工智能的进一步融合，更好地实现智能交通、智能环保、智能公共安全等应用。

物联网与人工智能的融合开启一个全新的智能化时代。在这个时代，各种设备和系统可以通过智能化技术的进步，不断地实现自动化和智能化升级，不断提高人们的工作效率和生活质量，持续推动环境保护、经济发展和社会进步。

（三）数据安全和隐私保护

图书馆的数字化和网络化转型，虽然给读者带来了更加便捷的阅读体验，但同时也面临着更多安全和隐私保护难题。

1. 主要难题

（1）终端安全隐患

智慧图书馆的数字化文献信息存储在服务器中，也会传输到用户终端。这些文献信息包含了大量的知识和数据，其中有些是敏感信息，例如个人隐私、商业机密等。一旦智慧图书馆的服务器或用户终端发生数据泄露，这些敏感信息就很可能被第三方盗取、篡改和滥用，给个人、企业和社会带来难以估量的损失。

（2）网络攻击

由于智慧图书馆开放范围广，数量庞大的受众，也包括不怀好意的网络黑客或攻击者。他们可能通过网络攻击手段，如病毒、木马和蠕虫攻击等，侵入智慧图书馆的服务器，篡改，删除，盗窃或破坏数据，影响在线服务的正常运行。另外，恶意软件也可能随着智慧图书馆服务的下载和安装传播到读者的终端，给读者的智能设备系统和数据造成损失。

2. 应对策略

（1）建立健全隐私保护政策

在保护读者隐私方面，智慧图书馆需要建立严格的读者隐私保护政策。加强对读者个人身份信息的保护，建立安全可靠的读者身份验证机制，确保只有合法的读者能够获取到自己的个人信息。

（2）技术保护

采用安全加密技术对读者隐私信息进行保护，确保任何非法的获取和使用都得不到有效的数据。对于读者隐私信息的使用，应进行严格限制，只能在确保读者个人利益的情况下，经过读者充分同意和授权，才能被使用。

（3）强化安全意识

智慧图书馆需要加强对图书馆员的安全教育和应急培训，提高员工对安全和隐私保护的意识和应对能力。

（4）完善保护制度，建立应急机制

应建立完善的安全管理制度和应急响应机制，及时发现和处理危及安全和个人隐私的事件。

二、管理挑战

（一）管理和运营模式的创新

随着科技的快速发展，智慧图书馆成了现代社会的一个重要组成部分。然而，管理和运营这些图书馆面临着许多挑战。比如：技术更新迅速，如何不断升级和更新图书馆的硬件和软件系统；如何有效管理大量的数字化资源，以便读者更方便地搜索和获取所需信息；如何采取有效措施保护图书馆系统和读者信息的安全；如何提高服务质量，满足读者多样化的需求。

为了应对这些挑战，需要创新管理和运营模式。

首先，要加强技术研发，提高图书馆系统的自动化和智能化水平。相关人员需要加强技术研发，不断投入更多的资源和精力，开发出更先进的技术。加强技术研发是提高图书馆系统自动化和智能化水平的必要手段。在技术研发方面，需要注重人才培养和引进。只有拥有高素质的人才，才能更好地推动技术研发的进程。同时，图书馆还需要加强与合作伙伴的合作，共同推进技术研发的进程。

通过合作，可以充分利用各自的优势，实现资源共享和技术共赢。

其次，要完善数字化资源的管理和检索系统，以便用户能够更加方便地获取所需信息。此外，需要加强安全措施，提高图书馆系统的安全性和稳定性。

最后，需要提高服务质量，满足用户多样化的需求，可以通过优化阅读环境、增加阅读资料等方式来实现。

提高服务质量并满足用户多样化的需求，需要完成以下升级。

1. 优化阅读环境

创造更为舒适宜人的阅读环境，使用户能够在愉悦的氛围中享受阅读的乐趣。可通过美化界面设计、增加背景音乐、提供令人视觉感觉舒适的字体和排版等方式营造良好的阅读环境。

（1）美化界面设计

美化界面设计是营造舒适阅读环境的关键因素之一。用简洁、明了的界面，柔和的色彩搭配、自然的元素，为读者带来温馨、自然的感受。此外，界面上的图标和按钮也应该符合读者的操作习惯，以便轻松掌握使用方法。

（2）增加背景音乐

其次，增加背景音乐能够为读者带来更加愉悦的阅读体验。选择一些轻柔、舒缓的音乐，可以有效地缓解用户在阅读过程中产生的疲劳感，同时也可以增强读者的阅读兴趣。

（3）提供令人视觉感觉舒适的字体和排版

提供令人视觉感觉舒适的字体和排版也是营造良好阅读环境的重要因素之一。对于不同的读者群体，要根据其年龄、职业和文化背景等因素选择适合的字体和排版，以确保其在阅读时能够获得最佳的视觉感受。

2.增加阅读资料

同一类或同一位读者的阅读需求往往不会一成不变，而不同类或者说不同的读者，其阅读需求必然不同。比如，想要深入研究某个领域的学习型读者和想要轻松阅读、愉悦身心的消遣型读者，两者对目标读物的诉求完全不同。因此，图书馆必须提供足够丰富馆藏，不断更新和扩充，并提供新的阅读方式。

3.引入人工智能技术

利用人工智能技术，如自然语言处理和机器学习，开发智能化的阅读助手，做到：更好地理解读者的阅读习惯和需求，推荐适合的阅读材料，提供个性化的阅读建议；提供诸如注解、翻译、音频或视频展示、动态化、立体化等辅助功能，帮助读者更好地理解阅读材料；等等。

4.完善读者反馈机制

不断完善读者反馈机制，更好地收集意见和建议，及时调整和优化服务。可以通过诸如定期开展用户满意度调查等方式，更深入地了解读者对图书馆服务的评价，以便持续改进。

（二）人才培养及储备

智慧图书馆是一个为读者提供信息服务的多功能的信息系统，是一个可以满足不同读者需求的信息平台，是一个开放的、动态的、互动的、交互的信息资源库。在智慧图书馆，读者可以通过网络查询、浏览、下载各种信息资源，从而获取自己想要的信息。目前，图书馆馆员队伍已由传统的手工劳动转向以计算机为主的自动化工作，图书馆服务工作已由单纯的文献服务转向文献与信息相结合的多功能服务。图书馆在不断发展变化，但图书馆的基本职能——文献资源建设、开发利用，以及信息咨询服务没有改变，随着信息化、网络化技术在图书馆领域中的广泛应用，图书馆工作正面临着巨大的机遇与挑战。在这种新形势下，图书馆人才培养及储备必须做出与之相应的调整。

1. 调整图书馆员的角色定位

图书馆员的角色已从传统的知识管理者转变为服务者、创新者和引领者。这种转变不仅体现在工作方式上，更体现在职业素养上。在信息化时代，图书馆员是网络环境中的知识导航员，也是知识资源的管理者和开发者，还是网络知识产权捍卫者；在日常的运营中，他们既是用户信息素养的培养者，也是系统的管理员和维护者。

（1）网络环境中的知识导航员

传统意义上，图书馆员在图书馆工作中的基本内容是文献信息资源和人力资源建设。随着网络技术飞速发展，网络资源大量涌现，网络环境下读者获取信息的方式改变，图书馆传统的文献信息服务模式面临着巨大的挑战。随面对挑战，作为知识导航员的图书馆馆员必须转变观念，创新服务，重新审视自身在网络环境中的角色定位，在头脑中树立信息资源共享意识、用户需求意识和市场竞争意识等现代意识，并将这些现代意识带入图书馆工作中。

（2）知识资源的管理者和开发者

信息技术的发展使得图书馆不再仅仅是"借书还书"的场所，而是与社会、经济、政治等领域联系起来，成为社会文化和知识交流中心。图书馆所提供的信息服务范围不再仅限于传统图书馆的传统职能，而是延伸到信息服务和信息咨询等领域。另外，图书馆在向用户提供信息服务的同时，也在不断地创造新的信息，开发新的知识，从而成为社会信息资源的开发者。因此，图书馆员不仅要积极参与信息资源开发和知识创新活动，还要成为信息资源开发和知识创新的倡导者。这是图书馆员所担负的历史使命和责任。

（3）网上知识产权的法律捍卫者

网络环境下，图书馆的读者服务工作变得更加复杂，图书馆员必须在网上知识产权保护的问题上高度警惕，及时为读者提供有关知识产权保护方面的法律咨询服务，对可能出现的侵权行为，在法律允许的范围内采取一切必要的措施，最大限度地保护知识产权，使读者能够充分利用网上丰富的信息资源。

（4）用户信息素养的培养者

信息素养的定义有多种，如信息意识、信息知识、信息能力、信息伦理、信息道德等。王光远教授将信息素养定义为"对信息资源的获取能力、利用能力、评价能力及创新能力的综合表现"。在图书馆服务中，用户的信息素养主要体现为用户获取、分析、评价和利用所拥有的知识与技能，其核心是如何利用图书馆来提高自己的知识与技能，从而不断提高自身的学习能力。

作为用户信息素养培养的主要推动者，图书馆员不仅要提高自身的知识与技能水平，还要对用户的学习环境进行引导和辅助，最大限度地发挥图书馆在培养用户学习能力方面的优势。具体来说，图书馆员不仅要深入到用户的学习环境中，为用户营造良好的学习氛围，还要帮助用户不断提高自身的学习能力，使其能够更加高效地利用图书馆资源，获取更加个性化、智能化的服务。

（5）系统的管理员和维护者

图书馆工作涉及各个部门，各部门之间的工作要互相配合、协调，以保证图书馆各项工作顺利进行。图书馆各项工作的正常运行，必须依靠图书馆员之间的相互合作和密切配合。因此，馆员在图书馆工作中扮演着十分重要的角色，是图书馆事业发展的中坚力量。他们对图书馆的各项工作起着组织、领导和协调作用，同时又是具体执行和完成任务的执行者，担负着图书资源管理和服务、读者服务、网络建设等工作，是图书馆各项业务工作得以顺利进行的主要保证，其工作质量直接影响图书馆工作的整体水平。同时，现代图书馆员不再是单纯地为读者服务，而是以用户为中心，以满足读者需求为目的，提供高质量、高水平、高效率的服务，这就要求图书馆员具备较强的业务素养和能力。

2.明确图书馆员应升级的知识技能

（1）图书管理知识升级

图书馆员是图书馆运营的重要一环，需要具备扎实的图书管理知识，熟悉图书馆的藏书结构和分类方法，了解图书馆的各项业务流程。要具备一定的组织和管理能力，能够协调和管理图书馆的各项业务和工作。

同时，图书馆员还需要掌握图书馆信息系统的使用和维护技能。随着信息技术的不断发展，图书馆的信息系统也在不断升级和完善。图书馆员需要不断学习和掌握新的技术手段，利用信息技术手段提高图书馆的管理效率和服务水平。例如：熟练操作信息系统，快速检索和整理图书信息，更好地掌握图书借阅情况，为读者提供更便捷的借阅服务；充分利用信息系统进行数据分析，了解读者的阅读需求和阅读习惯，为图书馆的资源采购和服务提供更科学的依据。

（2）学科知识和文化素养升级

图书馆员要不断学习和了解新的学科领域和知识热点，时刻关注最新的学术动态和研究进展，及时更新知识储备，提高专业学科知识和文化素养，更好地为读者提供高质量的服务。图书馆员要有良好的信息技术素养，熟悉各种信息技术工具和资源，不断学习和掌握新的信息技术工具和资源，以便能够跟上时代的发展和读者的需求。

同时，图书馆员还需要与读者建立良好的关系，以便能够更好地了解他们的需求和偏好，为其提供更加个性化的服务。因而图书馆员需要具备深厚的学科知识和卓越的文化素养，同时还需要具备良好的耐心和亲和力、信息技术素养和不断学习的精神。只有这样，他们才能够为读者提供更加全面、准确、高效和个性化的信息服务。

（3）人际交往能力和沟通技巧升级

图书馆员是文化知识的守护者和传承者，时时与读者面对面，因此，除了具备上述学科知识、文化素养，以及图书馆相关业务能力等，还必须具备相当的人际交往能力和沟通技巧，以热情亲切的态度，与读者建立良好的关系。比如，耐心地倾听读者的需求和问题，为其提供详细的解答和帮助；从读者的诉求和反应里，分析其潜在需求，提供更加个性化和人性化的服务。

（4）信息检索能力升级

图书馆员要熟练运用的信息检索技术，包括掌握传统的图书馆检索工具，如卡片目录、书本目录等，以及现代的网络检索工具，如搜索引擎、数据库等。

（5）数据分析能力升级

在大数据时代，图书馆员需要具备从海量数据中提取、分析信息的能力，从而为读者提供更加优质的专业服务。数据分析能力是一种重要的技能，能帮助图书馆员更好地了解读者的需求和兴趣，从而提供更符合他们需求的资源和建议。例如，通过分析读者的借阅记录、搜索历史和阅读习惯等数据，可以了解读者的阅读偏好和需求，从而为他们推荐更适合的图书。此外，数据分析还可以帮助图书馆员更好地管理图书馆的藏书和资源，确保它们得到更有效的利用。

为了提高图书馆员的数据分析能力，图书馆应制订相应的教育培训计划。其中，应涵盖数据分析的基本概念、技能和方法，以及如何使用数据分析工具和软件。

（6）知识产权保护意识升级

在资源的来源、形态日益多元化、复杂化的今天，图书馆员需要进一步提升知识产权保护意识，熟练掌握相关法律法规，准确识别和避免侵权行为的发生；需要充分保障读者的合法权益，确保图书馆资源的合法使用和借阅。为此，图书馆员要不断学习，以跟上知识产权保护领域的最新发展，为读者提供相关的咨询和指导。在处理涉及知识产权的问题时，图书馆员需要保持中立、客观，并尊重各方权益。

（7）持续学习意识升级

在这个信息爆炸的时代，图书馆员需要具备敏锐的洞察力和足够的判断力，及时捕捉和掌握最新的信息和技术，将其融入日常工作。为了适应这一职业发展的要求，图书馆员需要加强终身学习的意识，时刻保持学习的热情，积极探索新的领域和知识，不断更新专业知识和技能，提升自己的综合素质和能力水平。

3. 人才引进

在馆员引进的过程中应该考量以下几个方面的问题。

（1）未来发展目标

在制度不断变革的情况下，馆员编制要求少而精。在新进图书馆员的过程中需要考虑的问题实在太多。首先应该关注的应当是图书馆未来的发展目标。图书馆每一个时期的变革都是一种循序渐进的过程，人力资源是其必不可少的资源储备。如同发展目标一样，在馆员配置上也应该有一定的长期规划目标，应根据图书馆的未来发展规划配置合适的专业人才。良好的人才储备如同完善的基础设施建设，是智慧图书馆发展的基石。全面感知的智慧系统、个性化的推送服务系统都依赖于信息技术处理馆员、服务内容规划执行馆员的业务处理。在合理的时间有规划、有目的地引进合适的馆员，是图书馆规划中应该包含的内容。

（2）现有馆员配置

在配置新馆员的过程中，同样应该考虑现有馆员配置。现有年龄结构、技术结构、学科结构甚至外语结构，都是应该认真统计分析的项目。图书馆内就是一个小型的社会，要有不同年龄层的合理分布，才不会出现人才断层的情况。同质性过高是对人力资源的浪费，因此技术结构与学科结构都是考量因素。在学科情报服务中，外语是了解世界各国发展状态的桥梁。因此，外语结构也是重要考量因素。

（3）本馆发展前景

图书馆本身的发展前景是吸引人才的一大利器。图书馆也应该认清自己的发展前景，合理定位招聘要求。实现应聘人员的心理预期与本馆实际的对接，同时也在尽可能的条件下招揽最合适的人才。

图书馆事业仍然需要专业人才的维护。建立行业准入机制是广大同行一直在致力发展的事情。各馆应根据自身情况制定合理的准入门槛，让优秀的人才得到合理利用。此外，进入该行业之后，良好的培训与发展机遇同样是吸引人才的法宝。

4. 人才培养

健全的培训机制是吸引优秀人才加入、培养杰出工作者的良性循环机制，也是图书馆智慧化发展过程中的一大挑战。我们可以从欧美发达国家相对成熟的图书馆员培训机制汲取成功经验。

在美国，负责图书馆馆员继续教育的权威机构很多，如美国图书馆协会、图书馆学与信息学学校协会、各州图书馆协会等等。这些机构都很注重为图书馆员提供专业发展和继续教育的可用资源。其中，美国图书馆协会设置了相关教程，在内部建立了图书馆继续教育信息交流网，开展远程教育，采取多种形式为会员提供继续教育。

在德国，图书馆员被分为初级、中级、高级，每个层级的馆员都要进行严格的岗前专业培训，时长 2~3 年。

（1）新馆员培训

新馆员培训能培养新员工的归属感和角色定位，对图书馆员的个人职业发展有极大的影响。下面以美国两所大学图书馆的新馆员培训为例。

案例一：美国康奈尔大学图书馆的新馆员培训

首先，新馆员会收到一封邮件，邮件中链接了专为新馆员准备的培训课件，课件展示了馆长致辞并介绍图书馆的员工信息平台、工作时间、馆藏分布以及各部门的业务范围等。

其次，图书馆人力资源部将与新馆员所属部门的主管沟通，确保主管给新馆员做了必要的计算机相关培训。人力资源专员会与新馆员做一次简短的面谈，让其了解管理制度、学习机会等。

最后，新馆员入职满 3 个月，会在人力资源主管的安排下参加学术会议。如果新馆员是管理岗，人力资源部将评估其管理经验和水平，必要时还会让其参加新主管培训认证项目。

案例二：美国加州大学图书馆的新馆员培训

相较于美国康奈尔大学图书馆，加州大学图书馆更重视通过新人培训带领新员工融入工作环境，熟悉组织文化。

加州大学图书馆的新馆员培训，主要包括针对性的培训会议、一览表、图书馆主要部门和领导单独会见等。其中，一览表提供了新馆员信息、馆员手册、馆员指南、福利登记信息、交通规则等与工作、生活有关的各个方面。图书馆领导要在新馆员入职第一天、第一周、第一月以及第六月持续地带领新人工作，以确保新馆员更好地适应工作环境，融入组织文化。

让图书馆中富有经验，并具备良好专业技能和管理技能的资深技术专家或管理者，做新馆员的职业导师，有利于隐性知识的传承，帮助培养新馆员的综合素质。在智慧图书馆环境中，这种方式有利于导师与学生教学相长，互帮互助，实现人力资源的最大化利用。

（2）进阶式馆员培训

馆员培训与学习的方式和途径很多，有专题学习、主题讨论、网络学习等。下面仍以美国康奈尔大学图书馆的培训为例。

案例一：康奈尔大学图书馆的专题学习

康奈尔大学图书馆充分利用学校提供的教育援助计划支持馆员继续教育，帮助员工在其专业领域持续发展，个人技能和知识能满足图书馆发展目标。员工学位课程、校外学习和学费资助都非常有助于馆员发展。

员工学位课程提供了获得康奈尔大学的本科和研究生学位的机会，馆员需要与馆领导商定可以学习的学位课程。

校外学习能帮助馆员提高工作绩效，做好个人职业生涯规划。

学习基金用于专为馆员设置的进修课程和研讨会，也为非正式的和基层的学习项目提供资助，鼓励员工创造性地思考，学习，分享。学习基金的申请有明确的要求而且会公平分配。

案例二：康奈尔大学图书馆的主题讨论

康奈尔大学图书馆有不定期的 Take One 主题沙龙活动和每年一次的馆员职业发展周活动。主题沙龙活动每月 2~3 次，讨论和分享的主题非常广泛，包括图书馆信息、工作经验交流、工作绩效、学校政策、焦点事件、法庭判决等。馆员职业发展周通常每天一个主题培训，会举办三四十场，内容涉及各项工作，也涉及馆员职业生涯规划。

案例三：康奈尔大学图书馆的主题讨论

康奈尔大学图书馆的馆员都能参加 eComell 在线认证课程和 Shillsoft 技能软件培训。eComell 课程支持学习者使用电子邮件、在线聊天和在线讨论等与同伴、学习者、eComell 导师（领域专家或内容专家）和学术支持人员（内容专家）互动。Skillsoft 的培训内容囊括成功人士的必备技能，并提供与各种信息技术和业务相关的在线课程、教材、短视频等。

5. 人才发展

从职业生涯管理的角度来看，美国高校图书馆主要针对馆员、管理者两个层次提供学习机会。馆员可获得与工作、生活等相关的知识学习和技能培养，管理者则由此提升管理技能。普林斯顿大学图书馆、康奈尔大学图书馆和加州大学伯克利分校图书馆都提供了大量的管理者发展项目。

普林斯顿大学图书馆的管理者可重点学习如何发展核心管理技能，包括反馈、沟通、信任、冲突、客户服务、演讲技巧和时间管理。

康奈尔大学图书馆为馆长候选人提供相应的发展计划。

加州大学伯克利分校图书馆为不同类型的管理者，如初级管理者、中级管理者、新手领导者、学校中高层管理者等，提供不同的管理发展计划，项目数量众多。其中，"领导力发展"项目是鼓励员工参加的领导力培养项目，这与加州大学伯克利分校期望发展高绩效的文化有关。该文化指出，有领导力的员工有助于高绩效文化的建立和发展。

　　馆员培训与发展是一项系统工程，需要及时了解馆员需求，根据具体的工作岗位和职业发展分层次地制订系统的培训计划。

（三）满足读者需求的挑战

　　智慧图书馆是一种新型的图书馆形态，它运用了先进的技术手段，如大数据、人工智能、物联网等，以满足读者不断变化的需求。以下是智慧图书馆在满足读者需求方面所面临的变化和挑战。

1. 技术更新迅速

　　智慧图书馆依赖于先进的技术，如人工智能、物联网、大数据等。这些技术的更新换代速度非常快，图书馆需要不断跟进相关技术的最新发展及未来趋势。

2. 读者需求的多元化

　　随着社会的不断发展，读者的需求也呈现出日益多元化的趋势。他们不再满足于传统的图书借阅服务，而是更加注重图书馆能够提供的数字化资源、学术研究支持、文化活动等多样化的服务。对于传统的图书借阅服务，读者的需求已经从简单的获取资料转变为追求更为高效、便捷、优质的借阅体验。例如，他们希望图书馆能够提供快速、准确的图书检索服务，以及灵活的借阅期限和借阅数量等个性化服务。

　　同时，随着数字化时代的到来，读者对于数字化资源的需求也日益增长。他们希望图书馆能够提供更丰富的电子书、电子期刊和数据库等资源，以满足他们的学术研究、职业发展以及日常生活学习的需求。此外，读者还希望图书馆能够提供更为深入的学术研究支持。例如，图书馆可以开展学科导航服务，为读者提供相关领域的专家学者信息、研究热点和前沿动态等深度信息，帮助他们更好地进行学术研究。

此外，读者还希望图书馆能够提供丰富多彩的文化活动。例如，图书馆可以举办各种主题的讲座、展览、读书会等文化活动，让读者在享受文化熏陶的同时，也能更好地了解社会和历史文化。为了满足读者的多元化需求，图书馆需要不断地拓展和升级自身的服务，引入更多的数字化资源，提供更为专业的学术研究支持，举办丰富多彩的文化活动，等等。只有这样，图书馆才能够更好地满足读者的需求，成为他们学习和生活中不可或缺的一部分。

3. 读者的信息素养不足

许多读者的信息素养亟待提升，以满足使用智慧图书馆的需求。他们可能对如何高效地利用图书馆的丰富资源感到困惑，或者对新的技术工具的使用感到不知所措。这些读者往往缺乏对信息检索技能的深入了解，以及如何运用现代技术工具来获取和整理所需信息的能力。为了解决这个问题，图书馆必须提供专业的培训和指导。这包括但不限于开设信息素养课程，提供一对一的咨询和指导服务，以及在图书馆的网站和宣传材料中提供清晰的使用指南。通过这些措施，图书馆可以有效地提高读者的信息素养，使他们能够更好地利用智慧图书馆的资源和技术工具。

（四）资源挑战

智慧图书馆面临的资源挑战主要包括以下方面。

1. 资源整合

智慧图书馆的建设是一项复杂而又宏大的工程，它不仅需要依靠先进的技术支持，更需要将各级各类图书馆紧密地连接在一起，形成一个协同工作的网络。同时，还需要将与图书馆相关的博物馆、档案馆、美术馆等历史文化资源进行连接，形成一个更加丰富多元的知识库。然而，在实际操作过程中，由于这些资源存在重复建设的情况，导致了"数据孤岛"的形成。这些"数据孤岛"使得各个机构之间的数据无法实现共享，造成资源的浪费和重复。因此，智慧图书馆建设需要解决的一个重要问题就是资源整合问题。

为了解决这个问题，需要采取一系列的措施。首先，需要建立统一的数据标准，使得各个机构之间的数据能够实现互通互用。其次，需要加强数据的治理和管理，确保数据的准确性和完整性。最后，需要建立有效的合作机制，加强各个机构之间的沟通和协作，共同推进智慧图书馆的建设。

2. 数字资源开发

在信息化社会中，图书馆应对数字资源的开发和购买给予更多的重视。为了满足广大读者的多元化需求，智慧图书馆需要积极拓展电子书、电子期刊、数据库等资源的采购和开发力度。这些数字资源种类丰富，更新速度快，可以很好地弥补传统纸质资源的不足，更好地服务于读者。

然而，加大数字资源的开发和购买力度并不是一件容易的事情。这需要投入大量的人力、物力和财力。对于一些资源有限的图书馆来说，可能困难重重。但是，不能因此而放弃。相反，应该寻求更多的合作机会，与相关机构和平台合作，共同开发优质的数字资源，实现资源共享和互利共赢。为了确保数字资源的开发和购买工作能够顺利实施，智慧图书馆还需要制订科学合理的采购计划和预算方案。在采购过程中，要注重资源的品质和适用性，确保所采购的数字资源能够满足读者的实际需求。同时，对于已经采购的数字资源，要注重其后续的维护和管理，确保其长期稳定地提供服务。

3. 技术支持

智慧图书馆的构建需要依赖于诸多先进技术的支持，例如互联网技术、大数据分析、人工智能等等。这些技术的运用，可以使图书馆实现数字化、智能化的发展目标。然而，对于技术水平相对较低的图书馆来说，如何获取并应用这些必要的技术支持，却是一个实实在在的难题。一些图书馆可能由于资金、人力资源和技术储备等方面的限制，无法自行开发或引入这些先进技术。他们可能需要寻求外部合作伙伴的帮助，而这又涉及成本和合作模式等问题。此外，即使图书馆能够获得必要的技术支持，如何将这些技术整合到现有的图书馆系统中，如何确保这些技术的稳定运行和维护，都是需要克服的难题。

4. 文化创新

智慧图书馆在当今社会中扮演着越来越重要的角色，其服务重点已经从过去的文献型服务转变为知识型服务，此外，还需要不断地进行文化创新，推出具有吸引力的、有创意的活动和服务，以吸引更多的读者参与。这些创新活动不仅需要图书馆员具备创新意识，还需要他们投入大量的时间和精力来策划和实施。

为了实现这一目标，图书馆员需要具备创新思维，能够灵活运用各种文化元素，完成既生动有趣又有足够文化深度的活动策划；

还需要深入了解读者的需求和兴趣，以便更好地满足他们的需求。因此，图书馆员需要不断地学习和积累经验，以提高自己的专业素养和创新能力。

当然，智慧图书馆必须在组织机构层面投入足够的时间和精力来策划和实施相关活动和服务。这包括对活动和服务进行详细的规划和设计，制定相应的实施方案和流程，并进行有效的宣传和推广。只有这样，才能确保活动和服务的成功，并吸引更多的读者参与。

第五章

智慧图书馆的建设实践

第一节　智慧图书馆的建设目标

归根结底，智慧图书馆要实现的是"管理和服务的智慧化"。这无疑是建设智慧图书馆的总目标。本书将这一总目标分解为以下几方面。

一、建设智能物联网络

实时监控图书的状态，包括位置、借阅情况等；提供自动化的图书预约和借还功能，以及智能推荐和量身定制的个性化服务；具备网络化管控的安保能力；实现大数据等技术支持下的智慧决策；等等，都离不开物联网技术。图书馆智慧转型期间，首先要建设以下几项基本智慧设施和功能。

1.图书借阅证

该证须载入读者身份信息、教育信息个人情况，同时具备诸如门禁，借还凭证，馆内行为记录（离开时间、借还次数、借还书目录、借还书时间记录等）种种功能，作为图书馆构建读者信息数据库，图书馆员完成信息管理以及用户行为分析等决策、管理、服务工作，等基础智慧转型动作的数据支持。

2. 自助借还设备

自助借还，包括自助借还书机等实体设备和自助借还后台管理软件，通过设计和优化，形成符合图书馆智慧转化具体需求的，兼顾智能化、自动化、便捷性和安全性的集成系统。

3. 智能书架

解决图书的定位和盘点等基本问题，为下一步与智能家居、电商平台、社交网络等系统或平台结合做好准备。

4. 座位预约程序

确保读者可通过终端设备查询和预约图书馆座位，图书馆可通过终端设备实现对座位资源的动态调配。更好地规划和管理座位资源。

5. 大数据智慧墙

方便读者查看新书推荐、活动预告、热搜关键词、图书馆外购及自建特色资源库等信息，快速了解图书馆的数字资源、活动和服务。

二、建设数据分析与预测系统

智慧图书馆的魅力在于，它们能够以数据驱动的方式了解读者的阅读需求，从而为读者提供更加精准的图书推荐和服务。图书馆智慧化转型中，要通过建设数据分析与预测系统实现以下智慧功能。

1. 收集和分析读者的借阅数据

通过收集和分析读者的借阅数据，把握读者的阅读需求，做出更科学合理的图书采购决策，优化藏书结构。

2. 跟踪和评估阅读行为

通过跟踪和评估阅读行为，分析读者的阅读兴趣和需求变化，更加精准地推荐图书和提供其他个性化服务，及时调整和优化自身的服务和管理，提高工作效率和质量。

3. 发现读者的潜在需求和兴趣

例如，通过分析读者的搜索历史和浏览记录，发现其对某领域的图书存在潜在需求，及时推荐，引导读者拓宽阅读视野。

三、建设智能安全系统

图书馆智慧化转型过程中，绝不能忽视安全系统的智能化管控升级，应确保一旦发生紧急情况即可启动应急预案，快速处置，最大限度地降低损失和危害。对图书馆而言，建设基础的智能安全系统，必须落实以下几项主要内容。

1. 引进人脸识别技术

人脸识别技术是智能安全系统中的一项重要技术，它可以通过对人脸的识别，实现对进出图书馆的人员进行身份验证。这项技术可以有效地防止不法分子进入图书馆，保障图书馆的治安。智能监控技术则是监控系统中的一项重要技术，它可以通过对图书馆内部的监控，实现对图书馆的全面监控。

这项技术可以有效地防止偷窃、破坏等行为的发生，保障图书馆的财产安全。

2. 引进智能传感器和调控设备

通过智能传感器和调控设备，实现对室内温度、湿度、光照等环境的精准控制，确保图书资料的安全存放和读者的舒适阅读环境。

3. 建设实时监控系统

采用物联网技术，实现对实现了对图书馆内部环境的实时监控，与统的消防系统和防盗系统协同作用。

4. 升级报警系统

除了原有报警系统智能升级，必须完成与当地公安、消防等部门的联网互动。

第二节 数字化资源的建设与整合

一、数字化资源的建设

（一）馆藏资源的数字化

将传统的纸质书籍、期刊、报纸等馆藏资源进行数字化处理，转化为电子资源，是建设智慧图书馆的基础。

智慧图书馆的核心是利用信息技术和数字化技术为读者提供更加便捷、高效、个性化的服务。馆藏资源的数字化是智慧图书馆建设的基础，但仅仅数字化还不够，还需要对数字资源进行深度挖掘和分析，以满足读者的多元化需求。在馆藏资源的数字化过程中，需要对纸质书、期刊、报纸等馆藏资源进行扫描、识别、加工等数字化处理，转化为电子资源。这需要使用先进的数字化设备和软件，保证数字化后的质量和使用效果。同时，还需要建立完善的数字化资源库，对数字化后的资源进行分类、编目、存储等管理，方便读者查询和借阅。

除了数字化处理，智慧图书馆还需要通过网络实现资源的共享和传播。这需要建立完善的网络平台和共享机制，使读者能通过网络随时随地访问智慧图书馆的数字资源，实现跨地域的资源共享和传播。同时，智慧图书馆还需要提供多种形式的数字服务，如在线阅读、下载、检索、咨询等。在馆藏资源的数字化过程中，还需要注重保护知识产权和信息安全。智慧图书馆需要建立完善的知识产权保护制度和信息安全保障体系，保障数字资源的安全和稳定，防止数字资源的非法复制和传播。

智慧图书馆的建设还需要注重与读者的互动和沟通。通过建立完善的读者反馈机制和在线咨询服务，智慧图书馆可以更好地了解读者的需求和反馈，不断改进服务质量和提升读者满意度。此外，智慧图书馆还需要积极推广和宣传自身的资源和服务，逐渐加强对读者的吸引力和影响力。

（二）数字资源的采集和整合

智慧图书馆的资源采集和整合不仅包括收集和管理电子书、电子期刊和数据库等数字化资源，还涉及对网络信息的筛选和整合。随着互联网的普及，海量的信息在网络上流传，智慧图书馆需要利用先进的技术手段，如数据挖掘、文本挖掘等，从这些信息中筛选出有价值的内容，并将其整合到图书馆的资源库中。

智慧图书馆还需要积极采集和整合各种多媒体资源，如音频、视频、图片等，为读者提供更加丰富的阅读体验。

在采集和整合各种数字资源的过程中，智慧图书馆需要注重资源的版权问题，确保合法合规地获取资源。同时，还需要对资源的质量严格把关，确保其准确性和可靠性。为了更好地管理和维护这些数字资源，智慧图书馆需要建立完善的资源管理系统，实现对数字资源的分类、编目、检索等各项功能的自动化管理。

（三）构建数字化服务平台

智慧图书馆的数字化服务平台是一个综合性的平台，不仅要提供电子资源的查询、借阅、下载等服务，还应包括各种方便读者的功能。

首先，平台应该支持多种查询方式，包括关键词搜索、分类浏览等，以便读者快速找到所需资源。

其次，平台还应提供个性化的推荐服务，根据读者的借阅历史、阅读偏好等信息，推荐相应的图书和电子资源。

在支持借阅方面，数字化服务平台应该具备强大的借阅管理功能，包括在线预约、自助借阅、续借等。读者可以通过平台随时查看自己的借阅情况，包括已借图书、借阅期限、应还日期等信息。此外，平台还应支持电子资源的下载和离线阅读，方便读者在无法连接到网络的情况下阅读图书。

在个人信息管理方面，数字化服务平台应该提供丰富的个人信息管理功能，包括读者个人信息的修改、密码修改、阅读偏好设置等。读者可以通过平台随时更新自己的个人信息，以便图书馆更好地为其提供个性化服务。同时，平台还应该支持借阅历史查询，让读者可以随时查看自己的借阅情况，包括历史借阅记录、还书记录等。

智慧图书馆的数字化服务平台还可以加入社交功能，让读者可以在平台上与其他读者交流阅读心得和感悟。这种社交功能可以增加读者之间的互动和交流，更好地体验阅读的乐趣，拓展阅读的范围和深度。通过这种方式，智慧图书馆的数字化服务平台不仅可以提供优质的阅读资源，还可以为读者提供一个社交的空间，进一步增强图书馆的吸引力和凝聚力。

智慧图书馆的数字化服务平台还可以提供移动端应用，方便读者通过手机随时访问图书馆的电子资源和服务。

二、数字化资源的整合

（一）统一标准

为了实现不同类型数字化资源的整合，需要制定统一的资源标准和数据格式，从而保证资源的互操作性和共享性。这些标准应该包括资源的描述、组织、检索和存储等内容，以便对资源进行有效的管理和利用。同时，这些标准也应该遵循国际通用的规范和标准，如都柏林核心元数据规范等，以便资源的跨平台交流和共享。

除了制定统一的标准，还要采用合适的技术来实现资源的整合和共享。这些技术应该包括数据转换、数据映射、数据迁移等，以便将不同类型的数据格式转换为统一的格式，并将它们整合到一个共享的平台上。同时，这些技术也应该支持多种操作系统和数据库系统，以便资源的跨平台管理和利用。

在实现数字化资源整合的过程中，还要考虑一些其他因素。例如：需要保证资源的可用性和可靠性，以便读者对资源的有效利用；需要保证资源的安全性和隐私性，以便读者对资源的安全使用；需要保证资源的多样性和包容性，以便满足不同读者的需求和偏好；需要不断对资源的描述、组织、检索和利用等进行评估和改进，以便优化整合的效果，提高资源的利用率。

另外，在实现数字化资源整合的过程中，还要对相关人员进行培训，使其更好地利用这些资源。这些培训应该包括资源的基本知识、资源整合的方法和技巧、资源的检索和利用等。

在数字化资源整合的过程中，图书馆需要与相关机构和部门进行合作和协调。例如，与博物馆、档案馆等相关机构合作，实现资源的共享和整合；与信息技术部门进行协调，实现数字化资源的有效管理和利用。

（二）数据关联与知识发现

数据关联与知识发现，简而言之，即通过数据挖掘、文本挖掘等技术，对海量的数字资源进行分析和关联，发现其中的知识结构和内在联系，帮助读者更好地理解和利用这些资源。

随着互联网和信息技术的飞速发展，人类社会已经进入了数字时代。海量的数字资源如同一个巨大的海洋，让人们在其中迷失了方向。为了更好地利用这些资源，相关人员需要借助数据挖掘和文本挖掘等技术，对海量的数字资源进行分析和关联。

数据挖掘和文本挖掘等技术，是近年来快速发展的新型技术，能帮助相关人员从海量的数字资源中提取有用的信息和知识。通过对这些技术的运用，可以对数字资源进行多维度、多层次的分析，发现其中的知识结构和内在联系，为读者提供更加全面、精准的信息服务。

在图书馆或博物馆，可以利用数据挖掘和文本挖掘等技术，对大量的历史文献、文物等信息进行深度分析，发现历史事件之间的联系和规律，为学术研究和文化传承提供有力的支持。同样，在商业领域，也可以利用这些技术对市场数据进行深度分析。

在医疗领域，可以利用这些技术对大量的医疗文献、病例数据等进行深度分析，发现其中的知识结构和内在联系，为医生制订更加精准的治疗方案提供参考。例如，通过对病例数据的挖掘和分析，可以发现某些疾病的治疗效果与医生的治疗方法之间的联系，帮助医生提供更加科学的诊疗方案。

在教育领域，可以利用这些技术对大量的教育数据进行分析，发现其中的规律和趋势，为教育工作者和学生提供更加精准的教育服务。例如，通过对考试数据的挖掘和分析，发现学生学习情况和成绩之间的联系，为教师和学生提供更加全面的教学和学习支持。

在金融领域，可以利用这些技术对大量的金融数据进行深度分析，发现其中的风险和机会，以及两者间的联系，为投资者和金融机构提供更加精准的投资建议。例如，通过对股票数据的挖掘和分析，发现股票价格波动与公司业绩之间的联系，为投资者提供更加科学的投资参考。

数据挖掘和文本挖掘等技术具有广泛的应用前景和潜力。随着技术的不断发展和应用场景的不断扩大，这些技术将会在更多的领域得到广泛应用，为人类社会的发展提供更加有力的支持。

（三）个性化推荐服务

个性化推荐服务，即通过对读者行为的分析和挖掘，为读者提供个性化的资源推荐服务，提高读者的阅读体验和学习效果。随着科技的发展，人们对信息的需求不断增加，而面对海量的信息，如何选择适合自己的资源也成了一个难题。因此，个性化推荐服务应运而生。

个性化推荐服务的优势在于：通过对读者历史阅读记录、浏览行为、搜索历史等数据的分析，可了解读者的兴趣爱好、阅读习惯、学习需求等信息。通过对这些信息的挖掘，可得出读者的个性特征，并根据读者的个性化特征进行精准推荐，避免信息过载的问题，提高读者的阅读体验和学习效果；能增加读者的黏性，提高读者的满意度和忠诚度。

在实现个性化推荐服务的过程中，要用到数据挖掘、机器学习等技术，还要对推荐算法进行优化和调整，以提高推荐的准确度和精准度。

个性化推荐服务是一种高效、精准的资源推荐方式，会随着技术的不断发展越来越普及，成为人们获取信息的重要途径之一。

第三节　图书馆智慧化转型实践

一、虚拟现实技术系统建设实践

1.虚拟博物馆

公共图书馆利用尖端的虚拟现实技术，成功地将博物馆的珍贵文物进行数字化处理，打造出与实际博物馆展览极为相似的体验。通过这个创新的科技，读者可以在虚拟空间中自由选择参观不同的展览，感受文物的 3D 展示效果，深入了解其文化背景和历史故事，并与其互动。这种互动形式不仅丰富了读者的阅读体验，还为公共图书馆和博物馆之间的合作开辟了新的途径。

这种数字化文物的体验，使得读者可以随时随参观展览家中，不再受地理限制，让学习和娱乐更加便捷。同时，这也让更多人有机会近距离观赏这些珍贵的文物，有助于实现更大范围的文化传播。

虚拟博物馆不仅让文物的展示和互动变得更加生动有趣，为文化的传承和发展注入了新的活力，也为文物保护和传承提供了新的可能性。

2.虚拟艺术画廊

公共图书馆通过与传统画廊合作共同开发，或独力开发虚拟艺术画廊，即将著名艺术家的作品数字化，并通过虚拟现实技术进行展示。读者通过虚拟现实设备近距离观赏其中的画作，尤其身处实际画廊中一般，且在虚拟现实技术的加持下，更加细致、全面地欣赏画作，甚至与艺术家的互动。

3. 虚拟现实阅读

通过先进的虚拟现实技术，读者可以在图书馆中享受到一种全新的沉浸式阅读体验。这项技术将电子读物转化为三维立体的场景，让读者仿佛身临其境地置身于故事之中，亲临书中所描述的场景，走近或化身书中的人物，见证或亲历书中人物的经历、情感等。这种沉浸式阅读为读者提供了一种全新的阅读方式，在阅读中获得前所未有的体验，对所读作品产生更深刻的理解和感悟。下面，让我们一起走进上海交通大学的虚拟现实图书馆——"阅读隧道"。

场景：上海交通大学的虚拟现实图书馆——"阅读隧道"

戴上虚拟现实眼镜，走进上海交通大学的虚拟现实图书馆——"阅读隧道"，各种读物全部悬浮在空中，形成一条条"阅读隧道"。

只需说出名称或关键词，指定或符合关键词的资料，就会展示在眼前。

只需轻轻挥手，便可随意翻阅，甚至能感受到"手中资料"的重量和质感。

眼前的资料，可以按个人喜好调整字体大小、颜色和页面设计等视觉效果，还可以边读边做笔记，随时回顾整理。

在这里，可以参加学术讲座、研讨会、学习课程，与知名专家学者互动交流。

在这里，可以参观展览，欣赏各类艺术品、历代文物，翻看原汁原味的珍本古籍。

在这里，阅读、求知，充满惊喜，令人难忘。

4.虚拟现实导览

虚拟现实技术穿戴设备加身，读者仿佛亲切地置身于图书馆中，可以自由地探索图书馆的各个区域，比如书库、阅览室、自习室等，更加直观地了解图书馆的布局、藏书和设施等信息，对图书馆有更深入的了解和认识。

通过虚拟现实导览，不仅有助于图书馆提高读者的参观体验，还有助于图书馆更好地展示自有资源和特色服务。比如，将图书馆内的特色藏书或珍贵文献数字化处理后，再进一步制作成虚拟现实场景，使得原本经受不住公开展示，只能小心珍藏的文献资料，与读者更亲密地接触，进而更好地发挥价值。

在虚拟现实导览过程中，设置一些互动环节，例如问答、调查等，可以更好地了解读者的需求和反馈，进而优化其服务。通过模拟实验和演示，让读者在没有任何实物的情况下，轻松学习，掌握各种知识和技能。

5.虚拟现实教育

通过虚拟现实技术，图书馆提供的各种培训课程、讲座、研讨会等教育活动，读者能更加便捷地参与其中。

图书馆还可以利用虚拟现实技术提高读者的信息素养。在虚拟环境中，图书馆可以通过模拟真实的场景和案例，帮助读者学习如何获取、整理、分析和利用信息。这种方式除了有效提升读者的信息素养、技能，还能为读者提供更加实用和有效的学习体验。

二、移动图书馆建设实践

（一）移动图书馆建设成果

图书馆的数字化阅读服务不仅提供了海量的阅读资源，还通过移动端平台为读者打造了一个舒适的阅读环境。移动图书馆目前已完成了以下应用实践。

1. 在线借阅和归还

移动图书馆提供了便捷的在线借阅和归还图书平台，读者可通过手机应用程序或网站简单而高效地搜索、选择和借阅图书，不再需要亲自前往图书馆，节省了时间和精力，不受时间和地点的限制，无论是在家中、在办公室，还是在旅途中，都可以轻松访问移动图书馆，享受阅读的乐趣。

移动图书馆有完善的会员体系，读者可通过积分、签到等方式获取积分，用积分换取会员权益，比如更多的免费借阅次数、更多的电子书资源等。这种方式增加了读者的黏性。

2. 阅读智能化、个性化

移动图书馆不只提供海量的电子阅读资源，还提供了实用的阅读工具和服务，比如阅读模式、字体大小调整、背景色调整、阅读记录同步等。这些工具和服务的设计非常人性化，能在一定程度上让读者实现符合自己的喜好、满足自己需求的个性化阅读。比如，让读者阅读时的视觉感受更加舒适，方便读者随时查看自己的阅读记录、阅读时长、阅读进度等数据，更好地规划和管理自己的阅读计划，等等。

3. 移动学习

移动图书馆不仅为读者提供了丰富的图书借阅和阅读服务，还准备好了各种学习资源和实用辅导工具，如在线课程、讲座视频和学习资料等，应有尽有。

读者只需通过自己的移动设备，就可以随时随地展开在线学习，从而不断提升自己的知识水平和相关技能。这种便捷的学习方式，无疑为读者打开了一扇通往知识殿堂的大门。移动图书馆的优点远不止于此。它不仅提供各种学习工具和服务，更重要的是，它能够根据读者的学习进度和需求，智能推荐相关的学习资料和学习路径。这种个性化的学习体验，让读者能够更加高效地学习，更好地掌握知识和技能。

此外，移动图书馆还具备强大的互动功能。读者可以在学习过程中与其他学习者交流和讨论，这不仅能提高学习效率，还有助于增强社交能力。同时，移动图书馆还支持各种语言和文化的用户，让地域的读者都能享受优质的学习资源。

4. 移动交流和互动

移动图书馆平台，读者可以关注其他读者并与之互动，可以查看其他读者的读书动态、评论和分享，了解他们的阅读兴趣和阅读体验，还可以与其他读者一起参加讨论和活动。这些互动和交流不仅可以让读者更好地理解自己所阅读、学习的内容，还可以拓展自己的社交圈，结交更多志同道合的朋友。

在移动图书馆平台，读者可以参加一些阅读计划和挑战活动。这些活动通常由权威专家和专业学者主持，旨在引导和帮助读者提高阅读、思考能力。

在移动图书馆平台，读者可以创建自己的个人图书馆，将自己的读物、阅读笔记、读后感等资料整理和分类，以便随时随地回顾总结。

5. 移动图书馆联盟

移动图书馆联盟由若干图书馆共同组建，共享资源和服务。读者可以通过一个移动图书馆平台，访问其他图书馆的资源和服务，实现跨馆借阅和阅读。

这种模式的出现，不仅让读者更加全面地获取自己的需的资源，也让各个图书馆有了进一步紧密合作的机会。通过共享资源和服务，图书馆之间可以相互学习，提高自己的服务质量，可以为读者提供更加多样化、个性化的阅读服务。

移动图书馆联盟的建立也为图书馆的数字化建设提供了新的思路和方向，提供了新的平台和契机。

6. 多元化教育

移动图书馆被用于特定主题的讲座和培训，例如艺术、历史、科学、技术等。这些讲座和培训的主讲老师通常该领域的知名专家或资深研究者、从业者等等。他们在移动图书馆的虚拟课堂上分享知识和经验，回答读者提问。移动图书馆通常会配合这些课程安排实践活动，例如绘画、手工艺、编程等，帮助读者及时践行所学。

移动图书馆会为一些偏远地区的儿童提供阅读材料和举办故事会。移动图书馆通常会组织相关的志愿者，请他们给孩子们带去免费的读物，与孩子们互动，培养他们的阅读和学习兴趣。这种模式同样也应用于职业技能教育，比如下面这个例子。

案例：移动图书馆与技工学校联手推出职业技能教育

某移动图书馆与当地一家知名的技工学校紧密合作，致力于为学生提供最优质的职业教育培训资料和实践机会。移动图书馆内收藏了丰富多样的职业技术教材和视频教程等资料，这些资源均出自世界各地的权威出版机构和知名专家。

学生可以在舒适的阅读环境中查阅这些资料，还可以利用图书馆提供的实践设施和工具，将所学知识付诸实践，真正掌握好技能。这种学习方式使学生能更好地理解和掌握知识，为他们提供了实践空间，使他们的技能得到了提升和巩固。

这样的合作，不仅为技校学生提供了更加充实、多样化的学习资源和实践机会，也为企业和社区提供了全面的人才培养和支持。这样的教育模式，有助于学生更好地适应社会和企业的需求，提高自己的职业竞争力，也有助于学校更好地满足社区和企业对技术人才的需求，进而助力地方经济的发展。

这样的合作项目显然是双赢的，而且具有以下的社会意义。

首先，它打破了传统教育的束缚，将学习与实践相结合，使学生能够在实践中积累经验，磨炼技能，提高了他们的就业竞争力，为他们未来的职业生涯打下了坚实的基础。

其次，这个合作项目为当地社区提供了实实在在的福利。社区居民可以借此机会提高自己的职业技能，增强就业竞争力，从而提高自己的生活品质。

最后，这个项目还为当地企业提供了稳定的人才输送，有助于推动企业的发展和壮大。

此外，还有一些移动图书馆积极参与当地的文化活动和节日庆典，为读者提供更丰富多样的阅读体验。例如，在某移动图书馆会当地的读书节活动中设置临时展区，向读者介绍优秀的图书和作家，举办读书分享会、作家讲座等活动。

7. 参与社区或地区建设

一些移动图书馆项目致力于促进社区的文化交流活动，组织读书俱乐部、讨论会和其他丰富多彩的文化活动，邀请社区成员参与其中，分享观点和经验。此外，还针对社区里的留守儿童、行动不便的老年、残障人士等弱势群体，提供相应的扶助。比如，图书馆与相关机构合作，将图书、阅读材料和电子资源等送上门，让他们也享受到阅读的乐趣和获取知识的便利。

在一些条件较差的偏远地区，移动图书馆被用作提供基本阅读和学习资源的工具。借助流动图书车、电子阅读器和互联网等设备，将图书馆服务带到社区中心或学校，为那些传统图书馆难以覆盖的地区提供服务。这些移动图书馆不仅为人们提供了图书借阅、阅读和学习机会，还促进了社区发展和教育普及。在一些地区，它成为孩子们获取书包、文具和计算机等学习必需品的渠道，帮助他们在学业上取得更好的成绩。

移动图书馆的运营成本较高，但它在改善当地的教育环境和文化氛围具有不可替代的作用。通过与当地社区合作，一些移动图书馆制订适应不同地区和不同文化背景受众的图书推荐和阅读计划，确保每个读者都能获得适合自己的阅读材料。

移动图书馆在城市中也逐渐崭露头角。通过定期在社区中心或学校开展活动，提供图书借阅、阅读指导、文化活动等多元化服务，帮助当地居民的提高文化素养和生活质量；通过与当地企业和机构合作，开展职业培训和文化交流活动，为当地居民提供了实用的培训课程和就业信息，帮助他们提高职业技能和抓住就业机会。

可见，移动图书馆不仅能提供图书借阅和学习资源，还能成为促进个人成长和社区发展的重要平台。

8. 与学校教育的整合

一些移动图书馆项目与学校教育紧密结合，为学生提供课外阅读的资源和服务。移动图书馆与学校合作，开展阅读推广活动，鼓励学生养成阅读习惯。此外，移动图书馆还能提供教育工具和资源，如在线课程、学习资料和应试材料等，以支持学生的学习和个人发展。

在一些发展中国家，移动图书馆项目承担着为贫困地区的孩子提供教育资源的任务。这些移动图书馆通常由慈善组织或志愿者组织管理，他们将学习资料和教学设备等带到贫困地区，为孩子们提供了宝贵的学习机会，激发了他们对知识的热情和渴望。

（二）移动图书馆的发展趋势

随着科技的不断进步和社会的不断变化，移动图书馆项目也在不断地发展和创新。未来，移动图书馆将会更加数字化、智能化和个性化，以满足人们不断增长的文化需求和学习需求。

1. 更加数字化

随着互联网技术的不断发展，移动图书馆会更加注重数字化资源的建设，将更多图书、杂志、报纸等传统出版物转化为数字资源，方便读者在移动设备上阅读。并提供更加便捷的借阅和归还服务，进一步提高移动图书馆的运作效率，优化读者的阅读体验。

2. 更加智能化

依托人工智能技术的升级发展，以及与人工智能技术更加紧密的融合，移动图书馆将更好地了解读者的阅读需求和阅读习惯，为读者提供更加个性化的阅读推荐和服务。同时，随着智能化技术的发展进步，移动图书馆将不断提高图书馆的智慧运营效率和智慧服务质量。

3. 更加个性化

随着社会的不断变化和人们阅读需求的多样化，移动图书馆将更加注重读者的个性化需求，为读者提供定制化的阅读服务和文化体验。

三、"无感借还"智慧流通服务实践

"无感借还"智慧流通服务是一种创新的图书借阅和归还方式，它通过物联网技术和人脸识别技术，让读者在借阅和归还图书时无须进行烦琐的人工操作，只需通过智能设备就能轻松完成借还操作。这种服务不仅节省了读者的时间，还提高了图书流通的效率。在"无感借还"智慧流通服务中，读者只需将身份证放置在智能设备上的感应区域，然后进行人脸识别，即可完成借阅或归还图书的操作。这种服务方式方便快捷，大大减少了人工操作的错误率，提高了图书流通的准确性。

"无感借还"智慧流通服务具备高效、安全、环保等优点。

首先，由于智能设备的快速处理能力，使得借阅和归还图书的效率大大提高，满足了读者对高效服务的需求。

其次，智能设备的使用可以避免人为因素的干扰，保证了图书流通的安全性。

最后，"无感借还"智慧流通服务减少了纸质材料的使用，降低了资源消耗，符合环保理念。

以下是"无感借还"智慧流通服务在各地图书馆的应用实践。

案例一：江西省图书馆

江西省图书馆的读者现在可以享受到更加便捷的借阅服务了。通过人脸识别技术，读者可以无感地进出借阅通道，系统会自动同步扫描他们携带的书籍，完成借阅操作，实现借阅零停留。

这种先进的人脸识别进出系统不仅提高了借阅效率，还增强了安全性。

每个读者的借阅记录都会被系统自动记录，方便图书馆管理人员进行监控和管理。同时，系统还会记录读者的进、出场馆的时间，以便读者了解自己在图书馆的停留时长。

案例二：杭州图书馆

据悉，杭州图书馆的无感借阅服务是通过与支付宝合作实现的。当读者进入图书馆时，只需要在指定位置扫描二维码，就可以轻松地借阅图书。

对经常到图书馆借阅图书的读者来说，无感借阅服务无疑是一个福音。他们不再花费大量时间在借阅操作上，可以更加专注于阅读和获取知识。

对于图书馆工作人员来说，无感借阅服务也带来了许多好处。他们可以更加高效地处理借阅事务，减轻了工作压力，有更多的时间为读者提供专业的知识服务。

无感借阅服务提高了杭州图书馆的信息化水平，使得图书馆的管理更加智能化和高效化。比如：它减少了因操作错误而产生的纠纷，提高了借阅的准确性；通过支付宝的实名认证功能，更好地管理借阅者的信息，确保图书能被及时归还。

无感借阅服务提升了杭州图书馆的现代化形象，成为杭州市民公认的智慧型公共文化服务机构。

案例三：苏州图书馆

走进苏州图书馆，读者会被眼前的景象所震撼。宽敞明亮的大厅，安静有序的阅读区，以及那一排排矗立的书架，都彰显着这个古老文化机构的独特魅力。然而，更让人感到惊艳的是它所采用的人脸识别技术。

通过人脸识别技术，读者可以快速地在图书馆中完成借阅——无须出示借书证，也无须通过人工通道，只需在机器前简单刷一下脸，就可以借出自己想要的图书。

与人脸识别技术相配合，苏州图书馆在微信小程序中开设了查询借阅情况的服务。读者可随时随地查看自己的借阅情况，包括已借图书名称、实际归还日期等。这为读者提供了极大的便利，便于他们更好地管理自己的借阅行为，同时也加强了图书馆与读者之间的联系和互动。

科技的发展为苏州图书馆注入了新的活力。人脸识别技术和微信小程序的运用，科技与人文的完美结合，使古老的苏州图书馆在新的时代背景下，依然保持着其在文化传播领域的重要地位。

四、基于 5G 的图书馆空间网络服务实践

随着 5G 网络的普及，图书馆也迎来了全新的变革。通过 5G 网络技术，图书馆内各类设备实现了互联互通，这使得信息传递和管理效率得到了极大的提高。

在传统的图书馆中，读者需要通过借阅卡、图书证等证件才能借阅图书。而如今，在 5G 技术的支持下，图书馆可以实现无证化借阅。读者只需用手机应用程序或图书馆内的自助设备进行身份认证，就可以轻松借阅图书。

5G 网络技术可实现图书的智能管理。通过物联网技术，图书馆可以实时监控图书的位置和状态。当图书被归还时，系统会自动更新库存信息，避免了人工登记的烦琐和误差。

5G 网络技术可实现图书馆内的智能化管理。例如：通过人脸识别技术，对进出图书馆的人员进行自动识别和统计；通过智能安防系统，对图书馆内的安全状况进行实时监控；通过智能环境控制系统，对图书馆内的温度、湿度、光照等环境因素进行自动调节，等等。

5G 技术能为读者带来全新的阅读体验。5G 网络高速度，低延迟，使得图书馆的在线资源的运行流动更加顺畅。读者可以通过高速的网络连接，实时获取各种电子书、电子期刊、电子报纸等，无

须前往图书馆。

5G 网络能有力地推动图书馆的数字化转型，使纸质资源数字化转化、存储、传播的效果大大提高，进一步扩大图书馆的资源库。5G 技术将为图书馆的运营带来巨大的便利。

5G 网络技术为图书馆带来的变革不仅仅是提高了信息传递和管理效率，更重要的是，它为智慧图书馆的发展提供了无限可能。

1. 数字化、智能化的无限可能

5G 网络技术能最大化地推动图书馆向数字化、智能化方向发展。通过高速、低延迟的 5G 网络，图书馆可将大量的纸质图书转化为数字资源，为读者提供更加便捷的阅读服务。同时，结合物联网、人工智能等技术，图书馆可以对读者的行为进行分析，为读者提供更为精准的个性化服务。

2. 跨界合作的无限可能

5G 网络技术能最大化地促进图书馆与其他社会机构的合作。比如，与博物馆、科技馆等文化机构建立合作关系，共同开展文化活动，提供更加丰富、多样化的阅读资源。这种合作既能有效提高图书馆的服务水平，也有利于促进文化机构之间的交流和合作，推动社会文化发展。

3. 商业模式的无限可能

5G 网络技术能为图书馆带来更多的商业模式创新。例如，图书馆可与电商合作，开展线上销售、线下体验的模式，增加图书馆的收入来源。

五、图书馆 3D 导航系统实践

3D 技术在图书馆中应用十分广泛，目前已实现的应用实践也很多，本书简述以下几种。

1.虚拟现实游览

一些图书馆采用最先进的 3D 技术，为读者提供了独特的虚拟现实游览服务。读者使用头戴式显示器，可身临其境般地参观图书馆的各个区域，如宁静舒适的阅览室、有序且庞大的书库，以及设备先进的多媒体室，等等，用更深入、更丰富的切身体验增强了读者对图书馆的认识和了解。

这种虚拟现实游览服务不仅让读者有了更真实、更直观的感受，也让图书馆有了自我宣传和对外推广的极佳方式，以及一种新的服务模式。它可以让更多的人了解图书馆的内部结构和各项设施，甚至可以吸引更多的人来使用图书馆。

2.三维数据可视化

一些图书馆利用尖端的 3D 技术，对图书、档案等资料进行精细的三维数据可视化处理。比如，将珍贵的古籍善本进行高精度的数字化处理。这些古籍善本往往因为年代久远，纸质脆弱，已不支持直接阅读。但是，通过 3D 扫描技术，不仅可以将它们转化为清晰的三维模型，还可以将这些模型存储在虚拟环境中，以供读者随时随地查看。这种技术不仅能将资料转化为触手可及的三维模型，还能将这些模型存储在虚拟环境中，方便读者通过电脑或手机等设备进行访问和浏览。

图书馆员利用先进的 3D 扫描技术，将珍贵的古籍善本进行高精度的数字化处理。这些古籍善本往往因为年代久远，纸质脆弱，已不支持直接阅读。但是，通过 3D 扫描技术，不仅可以将这些古籍转化为清晰的三维模型，而且还可以将模型存储在虚拟环境中，以供读者随时随地查看。

通过电脑或手机等设备，读者可以轻松进入图书馆打造的虚拟空间，近距离、多角度地浏览这些古籍的三维模型，还可以逐页、逐行、逐行阅读，就像翻阅实物一样。这不仅为读者提供了更为直观、真实的阅读体验，还可以保护这些珍贵的古籍善本免受物理磨损。

读者还可以通过三维模型快速定位所需资料的位置，甚至可以通过虚拟环境中的互动功能，进行资料的复制和下载。这无疑为读者提供了更为高效、便捷的阅读体验。

可以预见，随着技术的不断进步和发展，3D 技术在图书馆中的应用将越来越广泛，为读者带来更多的便利和惊喜。

3. 交互式展览

一些图书馆利用 3D 投影技术举办交互式展览。这些展览将艺术品、历史文物等展品以三维形式投影在墙壁、地面或天花板上。这使得读者可以在不同角度欣赏展品。同时，读者还可以通过交互方式与展品互动，例如旋转、放大、缩小等操作，以更好观赏展品的各个细节。

4. 3D 打印服务

一些图书馆利用 3D 技术开设 3D 打印服务，为读者制作三维模型或实物。例如，读者可以在图书馆内使用 3D 打印机，制作自己的创意作品或复制珍贵的文物。这种服务可以满足读者的个性化需求，提高他们的创造力和实践能力。

5. 三维扫描和建模

利用 3D 扫描和建模技术，对馆藏文物进行数字化处理和建模。这些模型可以用于展览、研究、复制等方面，以保护和传承珍贵的文化遗产。同时，这些模型也可以提供给其他机构或个人使用，以促进学术交流和文化传承。

6. 古迹复原

图书馆可以利用 3D 技术对古迹进行细致入微的复原，既能完善和丰富馆藏资源，也能有力推动文化传承和发展。

利用高精度的 3D 扫描和先进的建模技术，几乎能完美地还原古代建筑、雕塑等文物原本的外观和结构。这种复原提供了更直观的视觉效果，使读者能身临其境地感受古代文明和历史的魅力，在图书馆提供的虚拟场景中，与古代文物互动，观察其细节，甚至进行实时的信息查询，获取更多关于相关的背景知识。这种互动式的学习方式会大大提高读者的学习积极性和学习效果。

用 3D 技术复原古迹，能为学术研究提供重要的支持。研究人员可通过 3D 模型进行精确的测量和分析，对古迹的年代、工艺、风格等方面深入研究，得出最接近历史真相的结论。这有助于研究者更好地认知和理解古代文明，推动历史学、考古学等学科的发展。

图书馆利用 3D 技术对古迹进行复原，不仅创新了知识传播的方式，丰富了读者的阅读体验，也为学术研究提供了有力的工具。我们有理由相信，在未来的发展中，3D 技术将在更多领域发挥其独特的优势，为人们的生活带来更多的惊喜和更大的便利。

7. 辅助阅读

一些图书馆已经成功地将 3D 技术融入其自主研发的电子书阅读器，为读者提供了更加生动、直观的阅读和学习体验，更加深入地理解科学知识、历史事件等复杂的内容。这种方式不仅提高了读者的阅读兴趣，还增强了他们的理解能力，进一步开阔了他们的知识视野。

基于 3D 模型和动画技术，这些图书馆的 3D 电子书阅读器能将文字表述的知识内容，转化为逼真的三维图像和动态画面，使读者能够更加直观理解这些文字知识中所涉及的形态、结构、运动方式和规律等等。在科学领域，这种技术可以帮助读者更好地理解天体运行、分子结构、生物进化等复杂的概念；在历史领域，通过重现历史事件和人物的形象，读者可以更轻松地将历史背景、人物、事件牢记于心。

总之，通过对 3D 模型的观察和分析，读者可以更好地理解物体的空间布局和相互关系，在解决实际问题时更加灵活地运用知识，提高创新能力和批判性思维。将 3D 技术融入电子书阅读器中是一种非常有前途的学习方式，可以极大地提高阅读兴趣和学习效果。

8. 创建"创客空间"

一些图书馆利用 3D 打印机和其他 3D 技术创建"创客空间"，为读者提供创意设计和制作服务。读者可以在图书馆内使用 3D 打印机、切割机等工具，自己动手设计和制作各种创意产品，如玩具、家居用品等。这种方式可以激发读者的创造力和实践能力，同时也可以促进读者之间的交流和合作。

9. 文化遗产保护

图书馆可以利用 3D 技术参与文化遗产的保护工作。例如，通过 3D 扫描和建模技术，可以制作出文物的精确副本，以防止文物因时间和其他因素而遭受损坏。同时，也可以利用 3D 技术对文物进行数字化存档，以便在需要时检索和研究。

案例：武汉大学老图书馆建筑原貌 3D 化保存

武汉大学老图书馆通过无人机拍摄的影像，利实景三维重建系统，制作了彩色高密度点云、高保真数字模型和矢量线描图，高度还原了老图书馆的外观，实现了老图书馆外观数字资产化，并永久保存。这些细致入微的 3D 模型，不仅为该馆后续的日常修缮工作提供了精确的参考依据，也为建筑学研究提供了宝贵的全息资料，使得研究者和历史爱好者能更准确、深入地了解这座历史悠久的建筑。这是对历史建筑的真正尊重和切实保护，也是科技与文化遗产结合的生动例证。

10. 推广活动

图书馆可能利用 3D 技术举办各种宣传推广活动。例如，通过 3D 展览、3D 电影等手段，向读者介绍新技术和新趋势。这不仅能帮助读者更好地了解和掌握新技术也能有效增强图书馆与读者之间的互动和交流。

六、RFID 自助选书系统实践

在图书馆的现代化转型中，RFID 自助选书系统是一个备受瞩目的创新项目。该系统依托智能科技，配合机器学习等前沿技术，实现了对图书的快速、准确识别和自动传输，极大地提高了借阅效率，让读者在寻找和借阅图书的过程中享受到了前所未有的便捷体验。

这个系统主要由三个部分组成，即智能拣选机器人、传送带和售卖系统。每个部分都有其独特的功能和作用，它们共同构建了一个高效、人性化的借阅流程。

1. 智能拣选机器人

智能拣选机器人是整个系统的核心。它们依靠先进的机器视觉和深度学习技术，可以快速、准确地识别和抓取图书。机器人的工作流程是这样的：当读者在系统中输入想要借阅的图书信息后，机器人会自动前往相应的书架，抓取相应的图书，然后将其放入传送带中。

2. 传送带

传送带在这个系统中扮演了"运输者"的角色。它连接了图书馆的各个区域，将读者选择的图书从储存区运输到售卖区。在运输过程中，传送带上的传感器可以实时监测图书的位置和状态，确保图书能够安全、准时地到达目的地。

3. 售卖系统

售卖系统是实现读者与图书之间最后一步的桥梁。当图书到达售卖区后，读者可以在此进行最后的确认和支付。这个系统的设计非常人性化，不仅有触摸屏等方便操作的设备，还提供了丰富的信息提示，让读者能够快速了解自己的借阅情况。

RFID 自助选书系统的出现，无疑为图书馆带来了巨大的变革。

读者不再需要花费大量的时间寻找图书，也不再需要长时间排队等待借阅；他们可以随时随地选择自己想要的图书，通过系统快速完成借阅过程。该系统为图书馆提供了更多发展空间，如更好地收集读者的阅读习惯和偏好数据，更快更好地完成库存管理。

七、活动推广实践

智慧图书馆是一项创新性的举措，通过其官方网站和各种社交媒体平台积极推广各类文化活动，为读者提供了丰富多彩的学术、艺术和文化体验。

这些活动形式多样，包括引人入胜的讲座、独具特色的展览以及启迪思想的读书会等，为不同年龄段和文化需求的读者提供了个性化的选择。读者只需在平台上轻松点击，便能了解到每项活动的详细信息，包括时间、地点、主题等，还能便捷地在线报名参加。这些平台不仅提供了全面而详尽的信息，还为读者打造了一个互动交流的空间，让他们能够分享自己的想法、感受和体验。

参加这些文化活动不仅能丰富读者的文化生活，提升他们的知识水平，还能让他们与各领域的专家、著名作家等面对面地深入交流。这种面对面的交流对普通读者而言无疑是宝贵的学习和成长机会，让他们能够直接从这些专家、作家的经验和知识中获益。

随着信息技术的不断发展，图书馆已经不再是传统意义上的藏书楼，而是向数字化、网络化、智能化的智慧图书馆转型。智慧图书馆利用现代科技手段，为读者提供更加便捷、高效、个性化的服务，同时也为文化推广活动提供了新的平台和渠道。

下面是某城市智慧图书馆一次文化推广活动的实践总结。

案例：一次推广智慧图书馆的文化活动

该活动的主要目的，是通过现代科技手段，提高读者对图书馆的认知度和使用率，同时传播优秀文化，提升全民素质。

活动策划案主要包括以下内容。

确定活动主题。将活动主题命名为"智慧图书馆，开启阅读新篇章"，强调智慧图书馆的优势和特点，吸引读者参与。

制订活动方案。活动方案大致包括活动时间、地点、内容、参与对象、宣传方案等。

确定活动流程。细化包括签到、参观、讲解、体验、交流等各环节的操作过程。

选定活动工作人员。选定包括讲解员、志愿者等确保活动成功开展的工作人员。

准备活动物资。以活动方案为基础，拟定活动所需的物料清单，比如智能设备、展板、宣传资料等，并逐一落实各项目的责任人。

该活动在预定的时间在主办图书馆举行。活动的实施过程大致如下。

活动开始前，工作人员在图书馆门口布置好签到处，迎接参与者，并给每位参与者发放胸牌和宣传资料。

活动正式开始后，讲解员带领参与者参观图书馆，介绍图书馆的智能化设施和服务。

参观结束后，进入体验环节。参与者可以在智能书架上查找书籍，通过"无感借阅通道"借阅书籍，体验智慧图书馆的便捷和高效。

体验结束后，进入交流环节。参与者可以与讲解员、志愿者进行交流，分享阅读体验和感悟。

活动结束前，工作人员为每位参与者赠送小礼品，感谢他们的参与。

此次活动取得了良好的效果：加深了参与者对智慧图书馆的了解，吸引了更多的人前来参观和借阅；通过"无感借阅通道"等智能化服务手段，让参与者亲身体验了智慧图书馆的高效、便捷的智能服务；通过与讲解员、志愿者的交流，增进了读者对相关前沿科技、文化背景等的了解和认识；活动结束后，参与者们纷纷表示愿意将智慧图书馆推荐给身边的人，图书馆就此次活动开展了全媒体报道，成功获得了正面积极的社会反响。

八、"读者社区"建设实践

智慧图书馆通过其网站或社交媒体平台建立了读者社区。读者可以在这里分享阅读内容，总结收获，发表评论，以及与其他读者讨论交流。这种的社区化氛围能增强了读者的参与感和归属感，提高学习和交流的热情。

智慧图书馆的读者社区不仅是一个交流阅读心得的平台，更是一个思想碰撞、知识共享的乐园。社区里的读者来自五湖四海，虽然背景、兴趣和经验迥异，但都怀着是对知识的热爱和追求。

读者社区中设有专门用于分享阅读心得的版块，读者可以在这里发布自己想与书友们分享的信息。这些分享，或是向书友推荐自己读完的好书，或是针对书友的推荐的分享自己的书评，或是介绍作者创作背景、创作经历等背后的故事，或是分享同类型的其他好书、同作者的其他好书，等等。这些分享不仅为书友们提供了更多的阅读视角，也激发了他们的阅读兴趣和思考能力。

此外，读者社区还有自由讨论的平台，通过就某些经典的议题或实时热点话题提出不落俗套的观点或疑点，吸引大家深入探讨，鼓励不同意见交锋。这种讨论和交流能帮助读者开阔视野，跳出固有思维，多角度地思考，更深刻地感悟……享受阅读，享受生命。

在这里，读者可以自由地表达观点和想法，无论是关于学术研究还是关于工作生活中，都能寻找到志同道合的朋友。在这里，读者可以获得丰富的阅读资料，了解和学习不同领域的知识和技能。通过与其他读者的交流和讨论，可以更好地理解和掌握知识，提高自己的综合素质。

智慧图书馆的读者社区充满活力和创造力，是一个真正的"知识家园"。

九、跨界合作智慧转型实践

智慧图书馆给图书馆探索跨界合作模式提供了更多可能。例如，与当地博物馆合作，开展"阅读＋展览"等活动，让读者在快乐阅读的同时借助相关的展览，让所读的文字和所见的实物结合起来，将与之有关的历史人文知识，学得更多，想得更深，记得更牢。又如，与当地科技馆合作，开展"科技＋阅读"等活动，让读者可以在体验科技魅力的同时，拓宽阅读视野，提高阅读效率。

下面是全球范围内成功尝试跨界合作的案例。

案例一：纽约公共图书馆与纽约市博物馆的合作

纽约公共图书馆与纽约市博物馆建立了一个宏大的数字合作项目，名为"阅读纽约"。这个创新项目巧妙地融合了图书馆的丰富资源与博物馆的珍贵藏品，以全新的数字形式呈现给读者/观众。这两家机构旨在通过这种方式，在为公众提供一种更多维度、更易产生共鸣的沉浸式阅读。

具体的运作模式大致是，图书馆为博物馆提供历史文献和资料，帮助博物馆深入研究藏品的背景和历史；博物馆向图书馆提供展品的相关信息，供图书馆在推广阅读活动中使用。

通过这一合作，双方都能够扩大自己的服务范围，让读者/观众感受更加丰富、更令人惊喜的阅读/参展体验。

"阅读纽约"项目得益于先进的技术支持，使得图书馆的馆藏文献和博物馆的珍贵文物能够以数字化的形式彼此呼应和互相给力。这个项目彰显了纽约公共图书馆与纽约市博物馆在创新科技应用和服务公众方面的前瞻性和实力。"阅读纽约"项目的成功尝试，在文化教育领域具有里程碑式的意义，它推动了数字化时代文化机构跨界合作的新模式。

案例二：丹麦国家图书馆与丹麦国家博物馆的合作

丹麦国家图书馆与丹麦国家博物馆开展了一个名为"文化记忆"的合作项目。这个项目旨在将丹麦的文化遗产以数字化的形式保存和传承下去。在这个项目中，丹麦国家图书馆和丹麦国家博物馆共同承担起了保护和传承丹麦文化遗产的使命，即借助数字技术，让文化遗产焕发活力，让更多的人了解丹麦的历史和文化。

为了实现这个目标，这两家机构采取了一系列的措施。

首先，他们组织了一个精英团队，由图书馆和博物馆的专家组成，共同负责文化遗产的数字化处理和保存。这个团队拥有丰富的专业知识，具备精湛的技术技能。这为项目的成功实施提供了有力的保障。

其次，他们采用了最先进的数字化技术，如高清扫描、图像处理技术、数据存储等，将文化遗产转化为清晰度极高的数字化影像，存储在安全可靠的数据库中。这些数字化技术可以有效地保护文化遗产，让它们避免因时间流逝而受到损坏，同时也让研究者能够方便地查询和检索文化遗产的信息，从而更好地传承和发扬这些宝贵的文化遗产。利用数字化技术，他们建出一个完整的文化遗产数字档案馆，为全球的文化遗产保护和研究提供强有力的支持。

数据库中的文化遗产有了更好的可用性和可访问性。通过互联网和移动设备，不论身在何处，都可以随时登入文化遗产数字档案馆，学习和研究其中的珍贵文物。这有力地推动了学术研究的进步。

此外，这两家机构就这一项目开展了一系列的宣传和教育活动，向公众介绍这个项目的深远意义，成功扩大了各自的社会影响力，提高了各自在受众心中的地位。

案例三：中国国家图书馆与故宫博物院的合作

中国国家图书馆与故宫博物院合作开展了"中华珍贵典籍数字图书馆"项目。这个项目的目标是利用数字技术，将中国的珍贵典籍数字化，并建立数字图书馆，方便读者和学者查阅研究。

该项目不仅有效地保护了中国的文化遗产，更好地实现了对中华优秀传统文化的传承，也为全世界的中国文化爱好者、研究者提供了极大的便利。中华珍贵典籍数字图书馆的建立，不仅能助力学者的学术研究，也极大地满足了读者的观赏需求。通过数字图书馆，读者可以随时随地获取典籍的内容，更好地了解和认识中国的传统文化。

这两家机构的合作方式非常灵活。故宫博物院向中国图书馆捐赠了一批珍贵的历史文献，中国图书馆让这些文献得以更好地保存和展示。双方联手举办了多场文化展览，将不同时期的文物与古籍互搭，为观众呈现了更加完整、生动的历史画面。

除了展览，双方还开展了一系列的文化讲座和研讨会，让更多的人了解历史文化的内涵和价值，促进了文化的交流与传承。

中国图书馆与故宫博物院的合作案例展示了不同机构之间合作的重要性和优势。通过强强联手，双方不仅实现了资源的共享和互补，还为社会带来了更多的文化福利。

数字图书馆的建立，不仅是对传统文化的保护和传承，也是对现代科技的应用和探索。

案例四：新加坡国家图书馆与新加坡国家博物馆的合作

新加坡国家图书馆与新加坡国家博物馆合作开展了一个名为"新加坡记忆"的大型项目。

这个项目的目标在于利用先进的数字技术，将新加坡丰富多样的历史与独特的文化遗存进行高分辨率、高保真的数字化处理，以永久保存这些珍贵的信息。

这个项目的核心是建立一个功能强大的数字图书馆和数字博物馆，为读者和观众提供方便、快捷、高效的访问途径，实现随时随地查阅。无论是历史文献、文化遗产，还是那些无法在实体图书馆或博物馆中展示的特殊藏品，都可以通过数字化处理，得以更完整地保存和展示。

这个项目不仅展示了新加坡对于历史和文化的尊重和保护，也体现了新加坡对于科技创新的积极态度。通过引入最先进的数字化技术，使得更多民众了解本国的历史和文化，从而对自己的国家和民族更加认同。

这个项目为新加坡创造了一个全新的文化交流平台，促进了不同文化之间的相互理解和交流融合。此外，这个项目也为新加坡提供了一个前所未有的机会，让其在全球舞台上展示自己的文化特色和历史遗产，并通过与其他国家进行文化交流和合作，进一步提高国际知名度和影响力。

项目也为新加坡提供了一个重要的教育资源。通过数字图书馆和数字博物馆，学生们可以更便捷地获取各种学习资料和信息，提高学习效率。这些资源也为教师提供了更多的教学素材和工具，帮助他们更好地传授知识和技能。

"新加坡记忆"项目是一个具有深远意义和广泛影响的大型文化项目。它不仅展示了新加坡对于历史和文化的尊重和保护，也体现了新加坡对于科技创新的积极态度。

这些跨界合作不仅有助于文化的传承和发展，也为读者和观众

提供了更丰富生动的阅读体验和观展体验。这些合作还能促进知识的普及和社会的进步，为人类的文化交流和发展做出贡献。

随着科技的不断发展，智慧图书馆会跨界合作和融合上实现更多的创新和突破。例如，利用人工智能技术，实现更加高质量的个性化推荐和其他个性化服务；利用区块链技术，实现更加安全可靠的数字版权管理；利用物联网技术，实现更加智能化的资源管理、运营管理……

智慧图书馆是现代科技与文化服务的完美结合，智慧图书馆的跨界合作模式将为未来的文化服务带来更多的创新和突破。比如，图书馆可以定期举办嵌入最新科技的文化活动。

读书分享会是一个很好的模式。在读书分享会上，读者可以畅所欲言，表达自己的看法和观点，可以从众多书友的分享中获得新的启示和灵感。

作者见面会也很受欢迎。在作者见面会上，读者有机会与作者面对面交流，了解作者的创作灵感和创作背后的故事。

讲座是一种较为正式的活动，通常由专家或学者主讲，向读者介绍某个领域的知识或最新研究成果。通过参加讲座，读者可以拓宽自己的视野，了解更多某个领域的专业知识。

另外，智慧图书馆还可以不断升级社交媒体等网络平台的功能，让图书馆员与读者实时互动和交流更加便捷、高效，更好地了解和分析读者的需求，不断改进服务质量，提升读者的满意度和归属感。

参考文献

[1] 秦顺，戴柏清，高旭，等 . "数字中国" 整体布局下图书馆高质量发展的战略图景 [J]. 图书馆论坛，2023，43（6）：5-17.

[2] 邓银花 . 我国公共图书馆参与全民数字素养教育的优势、借鉴和策略 [J]. 图书馆，2023（5）：27-33.

[3] 李秋实，刘瑾洁，黄一澄，等 . 效能导向下公共图书馆数字素养教育关键因素及创新路径研究 [J]. 图书与情报，2022（4）：102-114.

[4] 吴建中 . 从 "空间再造" 到 "业态重塑"——以数字转型为动力创建图书馆新一代共享知识库 [J]. 中国图书馆学报，2022，48（4）：15-19.

[5] 王凤英，智晓静，肖铮 . 智慧图书馆视角下高校图书馆书库演变及发展策略研究 [J]. 大学图书馆学报，2023，41（1）：37-43，86.

[6] 龙泉，赵爽，秦也则 . 智慧图书馆信息化建设体系应用与实践——以武汉大学图书馆为例 [J]. 图书馆理论与实践，2023（5）：71-77.

[7] 杨帆 . 公共图书馆少儿科普阅读推广活动创新研究——以重庆图书馆 "智慧空间站" 为例 [J]. 科技风，2023（7）：137-139.

[8] 郑春荣."智慧+"时代图书馆智慧化服务研究——以浙江海洋大学图书馆为例 [J]. 传播与版权，2023（10）：58-61.

[9] 丁燕，吴珍.5G环境下智慧图书馆建设与发展问题研究——以塔里木大学图书馆为例 [J]. 山西青年，2023（8）：184-186.

[10] 林翠萍.数据赋能的图书馆智慧阅读推广服务的实践与探索——以深圳市龙岗区图书馆为例 [J]. 图书馆界，2023（1）：81-85.

[11] 徐婷，白薇.知识服务视角下智慧图书馆知识资源建设研究及实践——以广西桂林图书馆报纸知识资源服务平台为例 [J]. 图书情报导刊，2023，8（3）：17-23.

[12] 柳甜，谭海兵，彭峰，等."双一流"高校图书馆智慧门户设计与实现——以湖南师范大学图书馆为例 [J]. 大学图书情报学刊，2023，41（1）：106-112.

[13] 常春圃.智慧图书馆背景下应用型本科高校图书馆馆员技术能力建设研究——以南京工程学院图书馆为例 [J]. 科技风，2023（2）：153-155，159.

[14] 林立.数据驱动的高校图书馆管理系统构建——以闽江学院智慧图书馆管理系统为例 [J]. 兰台内外，2023（1）：7-9.

[15] 刘哲.智慧图书馆视域下新一代图书馆文献智能仓储系统研究——以深圳图书馆北馆为例 [J]. 图书馆，2023（2）：26-32.

[16] 甘群文，王向真.资源整合视野下的高校图书馆智慧学科服务现状与分析——以25所独立建制的中医药大学图书馆为例 [J]. 大众科技，2023，25（4）：196-200.

[17] 路龙惠，蒙海光.5G技术在图书馆智慧化转型发展中的应

用——以国家图书馆为例 [J]. 中国科技信息，2023（12）：130–132.

[18] 张媛媛，王莉 . 医学职业院校图书馆智慧服务与管理探索——以四川护理职业学院为例 [J]. 中国教育技术装备，2023（10）：62–65.

[19] 杨世杰 . 智慧图书馆视角下缩微胶片库房管理系统的搭建——以全国图书馆文献缩微复制中心拷底片库为例 [J]. 数字与缩微影像，2023（2）：14–16.

[20] 陈芷仪，田雷 . 智慧图书馆背景下高校图书馆智慧服务的建设思路——以四川旅游学院图书馆为例 [J]. 科技资讯，2023，21（8）：196–199.

[21] 杨广宇 . "十四五"规划期间普通高等本科院校智慧图书馆建设研究——以黑河学院图书馆为例 [J]. 兰台内外，2022（11）：52–54.

[22] 张玉祥，田欣，翟文敏 . 中医院校智慧图书馆建设与应用探索——以山东中医药大学图书馆为例 [J]. 内蒙古科技与经济，2022（4）：153–154.

[23] 程蓉芬 . 智慧图书馆背景下的中小学图书馆空间再造实践与启示——以无锡市辅仁高级中学图书馆为例 [J]. 兰台世界，2023（3）：111–113，134.

[24] 童忠勇 . 公共图书馆数字资源智慧化服务模式探索——以国家图书馆读者云门户网站为例 [J]. 图书馆理论与实践，2022（1）：80–83，98.

[25] 刘畅，刘璇 . 基于智慧图书馆的留学生信息素养教育方案设计——以华中科技大学图书馆为例 [J]. 内蒙古科技与经济，2021

（3）：120-122.

[26] 金洁洁．用户个性化档案信息在智慧图书馆中的应用研究——以个性化图书精准推荐系统为例 [J]. 河南图书馆学刊，2021，41（9）：128-130.

[27] 王岚．大数据背景下智慧图书馆的服务创新研究——以湖北经济学院图书馆为例 [J]. 湖北经济学院学报（人文社会科学版），2021，18（8）：133-135.

[28] 周莹，温爱莲．高校图书馆智慧空间设计与物理空间布局——以武汉学院陈一丹伉俪图书馆为例 [J]. 兰台内外，2021（16）：51-53.

[29] 胡刚，苏云，李伟祥．社区智慧图书馆信息服务 APP 构建研究——以兰州西园社区图书馆为例 [J]. 甘肃科技，2021，37（18）：98-102.

[30] 晁亚男，胡莹．智慧城市背景下国外公共图书馆发展现状研究——以新加坡、澳大利亚、加拿大三国为例 [J]. 国家图书馆学刊，2021，30（4）：86-98.

[31] 陆康，刘慧，张婧，等．基于 AI 治理的图书馆智慧服务内在路径解析——以欧盟《人工智能伦理准则》为例 [J]. 图书馆理论与实践，2021（6）：55-60.

[32] 李华群．智慧化建设背景下高校图书馆信息化建设实践研究——以河南理工大学图书馆为例 [J]. 江苏科技信息，2022，39（17）：31-34.

[33] 蒋智颖．"十四五"时期公共图书馆智慧化服务发展策略研究——以江苏省 23 家公共图书馆为例 [J]. 山东图书馆学刊，2022

（4）：58-63.

[34] 罗希莹，张燕，王华平，等 . 智慧图书馆建设背景下的知识服务模式创新与运用——以昆明医科大学机构知识库的开发应用为例 [J]. 现代信息科技，2022，6（9）：129-134.

[35] 张骞，乔建忠 . 智慧时代高职院校图书馆改造探索与实践——以陕西职业技术学院图书馆为例 [J]. 内蒙古科技与经济，2022（17）：139-140，144.

[36] 王世华 . 基于用户需求的高校图书馆智慧服务大数据分析系统构建——以上海大学为例 [J]. 高校图书馆工作，2022，42（6）：43-47.

[37] 张兴龙 . 智慧校园背景下大学图书馆多元化微服务"四要素"探索——以黑龙江东方学院图书馆为例 [J]. 图书馆界，2022（6）：56-60.

[38] 王婷，刘淑梅，谢智敏 . 智慧校园框架下推动高校图书馆数据治理的实践与思考——以北京化工大学图书馆为例 [J]. 现代信息科技，2022，6（22）：93-96.

[39] 张鼎 . 智慧图书馆背景下微信公众平台读者咨询服务研究——以国家图书馆为例 [J]. 河南图书馆学刊，2022，42（1）：89-92.

[40] 韦子欣 . 基于对用户使用体验的调查与分析探究高校图书馆智慧化发展方向——以东北农业大学图书馆为例 [J]. 内蒙古科技与经济，2022（2）：118-121，143.